독자의 1초를 아껴주는 정성!

세상이 아무리 바쁘게 돌아가더라도
책까지 아무렇게나 빨리 만들 수는 없습니다.
인스턴트 식품 같은 책보다는
오래 익힌 술이나 장맛이 밴 책을 만들고 싶습니다.

길벗이지톡은 독자 여러분이
우리를 믿는다고 할 때 가장 행복합니다.
나를 아껴주는 어학도서,
길벗이지톡의 책을 만나보십시오.

독자의 1초를 아껴주는
정성을 만나보십시오.

미리 책을 읽고 따라해 본 2만 베타테스터 여러분과
무따기 체험단, 길벗스쿨 엄마 2% 기획단,
시나공 평가단, 토익 배틀, 대학생 기자단까지!
믿을 수 있는 책을 함께 만들어주신 독자 여러분께 감사드립니다.

홈페이지의 '독자마당'에 오시면
책을 함께 만들 수 있습니다.

(주)도서출판 길벗 www.gilbut.co.kr
길벗이지톡 www.eztok.co.kr
길벗스쿨 www.gilbutschool.co.kr

'친절한 대학'의 감동적인 댓글 모음

숙영 댓글을 안달수가 없네요. 너무 감사해서 전 55세입니다. 늦었다고 생각했는데 정말 귀에 쏙쏙 들어오게 가르쳐 주시네요. 열심히 한번 해보겠습니다. 선생님 정말 감사합니다.

일심 손녀들 앞에서 멋있게 영어하는 그날까지 잘 배우겠습니다. 60대 할머니들 계신다면 저와 같이 열공합시다. 이지 쌤 오늘도 감사합니다. ~ ^^

JJ 저를 포함해 영어를 읽을 줄 몰라 영어 포기자로 산 사람들이 많을 텐데요, 차이는 있겠지만 몇시간, 혹은 며칠을 투자해서 영어 읽기가 가능하다면 이보다 더 좋은 자료가 어디 있을까 싶네요. 우린 이 기본적인 것을 몰라 수십년을 포기하고 살았잖아요. 절대 긴 시간이라 생각하지 말고 공부하자구요. 나와 우리 모두를 응원합니다! ^^

미령 넘 감사합니다. 오십중반인데요. 영어이름 쓰는게 소원인데요. 열심히 해서 영어로 이름 꼬옥 쓸겁니다. 머리에 쏙쏙 들어오네요. 감사합니다.

연숙 이지 쌤 안녕하세요? 영어라는 알파벳 대, 소문자를 이지 쌤 강의 동영상 보면서 하나하나 배우며 나가고 있는 주부랍니다. 너무나 친절하게 가르쳐 주서서 감사드려요. 옛날에 집안 형편이 너무 어려워 국민학교 졸업하고 중학교 갈 형편이 안돼서 중학교 가는 친구들이 참 부러웠는데 요즘 이지 쌤 덕분에 영어 단어 좀 알게 되었답니다. 많이 많이 가르쳐주세요! ^^

인진 수고 하셨어요! 선생님 덕분에 살 맛나요. 한글 모르시는 할머니들이 늦게 배워 당신 이름 쓰시고 행복해 하는 그런 마음 이겠죠? 친절한 대학 쌤♡

재연

저는 64세 아줌마입니다. 나이 어린 손녀들이 할머니 미국말 할 줄 알아요? 라고 하면서 말을 하는데 발음이 좋아요. 난 옛날에 배웠지만 어린 손녀보다 많이 부족 하더라고요. 쉽게 설명해 주시는 이지 선생님께 잘 배워 보겠습니다. 선생님 감사 합니다.

할미

학교 졸업 후 40년 만에 처음으로 공부해보네요. 무조건 외우며 했던 공부 다 잊어버렸는데~ 너무 쉽게 알려줘서 늦깎이 공부 즐겁습니다. 감사해요.

미미

정말 자상하고 꼼꼼하고 친절하게 기초부터 잘 가르쳐 주시네요. 제가 52세인데 옛날 추억이 생각나네요. 어린시절, 중학교에 막 입학했을 때 외국어인 영어 공부에 신기함과 호기심 및 관심이 생겼고, 영어의 기초와 영어 교과서의 내용을 외국인 음성으로 들을 수 있는 카세트 테이프와 카세트 라디오가 당시 너무너무 갖고 싶었습니다. 하지만 지지리도 가난했던 농가의 부모님은 자식의 교육에 그닥 관심을 가질 여유가 없으셨던지 제가 카세트를 이용해 공부 좀 해보겠다고 그렇게 간절히 카세트를 사달라고 아무리 애원해도 그깟 카세트가 대체 뭐라고 사주시지 않더군요ㅜㅜ 반드시 그 때문은 아니었지만 어찌어찌 기초를 놓치면서 점차 영어 공부를 포기하게 되었고, 그 찬란했던 중고등 학교 학창 시절의 영어 공부를 건성으로 했네요.^^; 지금은 세상이 좋아져 맘만 먹으면 유튜브로 얼마든지 관심 분야의 공부를 할 수 있어 고마움을 느끼게 되네요. 우연히 유튜브의 추천 영상에 떠오른 선생님의 강의를 기초부터 들으며 그 옛날 중학교 입학 당시의 설렘을 느꼈답니다. 나이 50 넘어서 하는 영어 공부가 너무 재미 있네요. 천리길도 한 걸음부터라고 나이는 먹었지만 몇 년 잡고 기초부터 영어를 다질까 합니다.^^ 오늘부터 저의 취미 생활(?)은 영어 공부 랍니다.ㅎㅎ 선생님, 너무 고맙습니다. 좋아요 눌렀고 구독 신청 했답니다.

친절한 대학의
다시 배우는
영어교실
②

친절한 대학의 다시 배우는 영어 교실 2

초판 발행 · 2020년 1월 31일
초판 9쇄 발행 · 2022년 7월 11일

지은이 · 이상현
발행인 · 이종원
발행처 · (주)도서출판 길벗
브랜드 · 길벗이지톡
출판사 등록일 · 1990년 12월 24일
주소 · 서울시 마포구 월드컵로 10길 56(서교동)
대표 전화 · 02)332-0931 | **팩스** · 02)323-0586
홈페이지 · www.gilbut.co.kr | **이메일** · eztok@gilbut.co.kr

기획 및 책임 편집 · 김지영(jiy7409@gilbut.co.kr) | **표지 디자인** · 강은경 | **본문 디자인** · 장선숙
제작 · 이준호, 손일순, 이진혁 | **마케팅** · 이수미, 장봉석, 최소영
영업관리 · 심선숙 | **독자지원** · 윤정아, 최희창

교정교열 · 오수민 | **전산편집** · 장선숙 | **CTP 출력 및 인쇄** · 북토리 | **제본** · 신정문화사

ISBN 979-11-6521-037-3 03740 (길벗 도서번호 301042)

이 도서의 국립중앙도서관 출판예정도서목록(CIP)은 서지정보유통지원시스템 홈페이지(http://seoji.nl.go.kr)와
국가자료종합목록 구축시스템(http://kolis-net.nl.go.kr)에서 이용하실 수 있습니다. (CIP제어번호 : 2020000882)
© 이상현, 2020

정가 13,000원

독자의 1초까지 아껴주는 정성 길벗출판사
길벗 | IT실용, IT/일반 수험서, IT전문서, 경제경영서, 취미실용서, 건강실용서, 자녀교육서
더퀘스트 | 인문교양서, 비즈니스서
길벗이지톡 | 어학단행본, 어학수험서
길벗스쿨 | 국어학습서, 수학학습서, 유아학습서, 어학학습서, 어린이교양서, 교과서

페이스북 · www.facebook.com/gilbuteztok
네이버 포스트 · http://post.naver.com/gilbuteztok
유튜브 · https://www.youtube.com/gilbuteztok

친절한 대학의
다시 배우는
영어교실

이지 쌤(이상현) 지음

②

길벗
이지:톡

"영어가 안되니 패키지 여행을 가는 수밖에요."

"영어로 된 간판을 읽고 싶어요"

"텔레비전에서 어쩜 그렇게 영어를 섞어 쓰는지……"

50대 이상의 분들이라면 한번쯤 생각해보았을 겁니다. 영어를 배우고 싶은 마음은 늘 있지만 생업이 바빠서, 아이들 키우느라 시간이 없어서, 어디서 어떻게 배워야 하는지 몰라서 시작조차 못하신 분들이 참 많습니다.

그나마 용기를 내서 영어 수업에 참석했던 분들마저 이렇게 말하더군요. "이해가 전혀 되지 않는데 진도만 나가서 중도에 포기했습니다", "청년들과 수업을 듣다 보니 모르는 게 있어도 질문할 수가 없었어요."

맞습니다. 쉽지않죠. 그런데 시작 안하길 참 잘하셨어요.
진정으로 여러분을 위한 수업은 없었거든요.

영어 교육에서 50대 이상 분들은 늘 변두리 취급 당해야 했습니다. 배우고자 하는 열망은 그 누구보다도 강한데 수준에 맞게 가르쳐주는 곳은 없었습니다.

이런 고충을 해결해 드리고자 저는 18년 12월 유튜브에 '친절한 대학' 이란 기초 영어 채널을 만들었습니다.

'친절한 대학'은 2년이 지난 현재 구독자 수 42만명, 누적 조회수 4,200만회를 달성하며 영어 교육 채널 중 가장 빠르게 성장하고 있습니다. 제 수업이 특별 해서가 아닙니다. 50대 이상 분들의 영어 단어를 읽고, 듣고, 말하고 싶은 마음, 자유로이 여행을 다니고 싶은 마음, 자녀나 손녀들에게 부끄럽지 않고 싶은 마음, 다시 한번 배움의 희열을 느끼고 싶은 마음들이 모여 만들어진 결과라고 생각합니다.

"배움의 설렘을 다시 느꼈습니다" 라는 댓글이 가장 마음에 와 닿았습니다. 70세부터 영어 공부를 망설이다가 90세에 영어를 시작한 아버님께서는 "90세에 시작한 공부가 너무 재미있어요. 70세에 시작하지 않은 것이 후회됩니다." 라고 말하셨어요.

여러분도 당장 오늘부터 시작하세요. 절대 늦지 않았습니다.

취업을 위해, 생계를 위해 영어가 필수가 아닌 이상 영어 공부는 의무가 아닙니다. 영어 공부에서 배움의 즐거움을 다시 찾고, 목표를 달성해 나가는 성취감을 느끼며 아주 천천히 반복해 나가면 됩니다.

날마다 영어가 조금씩 느는 재미와 성취감을 드리겠습니다.

많은 구독자들이 보이지 않던 영어 간판과 표지판이 보이고, 외국인들이 말하는 단어가 드문드문 들리고, 간단하게나마 영어로 이야기하고 있다고 합니다. 조금 늦은 영어 공부라 더 재미있고 가슴이 벅차다고 하십니다.

여러분도 영어 공부 성공할 수 있습니다.
세상에서 제일 쉽고 재미있게 알려드릴게요.

정말입니다. 그리고 수업료 걱정은 하지 마세요. 유튜브에서 무료로 강의하니까요. '친절한 대학'이 조금 늦은 배움을 지원합니다. 또 응원합니다.

유튜브 '친절한 대학'의 이지 쌤

목차

1장
이 책의 동영상 보는 법

▶ 유튜브에서 '친절한 대학' 채널 찾는 법 & 구독하는 법   18

▶ '친절한 대학'에서 효과적으로 공부하는 법   24

▶ 이 책의 동영상 쉽게 찾는 법   27

2장
모르면 안되는 영단어 & 다시 배우는 영어 회화와 문법

DAY 01   모르면 안되는 영단어 #39   32

한국말 할 때도 자주 쓰는 영단어 5개

DAY 02   다시 배우는 영어회화와 문법 #24   Where 영어 질문 방법   34

DAY 03   모르면 안되는 영단어 #40   자주 쓰이는 명사 5개   39

DAY 04   다시 배우는 영어회화와 문법 #25   41

Where 영어 질문 방법 (일반동사 활용)

DAY 05   모르면 안되는 영단어 #41   가장 자주 쓰이는 명사 5개   46

DAY 06 다시 배우는 영어회화와 문법 #26 48

How 영어 질문 방법 (How much is it?)

DAY 07 모르면 안되는 영단어 #42 대화 중 자주 쓰이는 단어 5개 54

DAY 08 모르면 안되는 영단어 #43 대화 중 자주 쓰이는 명사 5개 56

DAY 09 다시 배우는 영어회화와 문법 #27 58

How 하나로 끝내는 영어회화 (How 2편, How와 일반동사 활용)

DAY 10 모르면 안되는 영단어 #44 중요 명사 5개 65

보충수업 #1 – 모르면 안되는 영어 간판 #2 67

까먹지 않도록 간판으로 영어 배워요!

쉬어가기 #1 – 유튜브 자세한 사용 방법 1 69

구독함에서 '친절한 대학' 찾는 법

DAY 11 모르면 안되는 영단어 #45 대화 중 자주 쓰이는 명사 5개 72

DAY 12 다시 배우는 영어회화와 문법 #28 What으로 질문하기 74

DAY 13 모르면 안되는 영단어 #46 79

한국인이 대화 중에 많이 쓰는 영어 단어

DAY 14 다시 배우는 영어회화와 문법 #29 81

What으로 질문하기 #2 (일반동사 활용)

DAY 15 모르면 안되는 영단어 #47 87

한국인이 대화 중에 많이 쓰는 영어 단어

DAY 16   다시 배우는 영어회화와 문법 #30   89

과거형으로 말하기 – be동사의 과거형

DAY 17   모르면 안되는 영단어 #48   정말 자주 쓰는 영어 단어   96

DAY 18   다시 배우는 영어회화와 문법 #31   98

과거형 질문하고, 부정하는 쉬운 방법

DAY 19   모르면 안되는 영단어 #49   재미있게 배우는 영어   106

DAY 20   다시 배우는 영어회화와 문법 #32   과거형 한 번에 정리   108

보충수업 #2 – 모르면 안되는 영어 간판 #3   112

까먹지 않도록 간판으로 영어 배워요! – 아파트 이름 배우기

쉬어가기 #2 – 유튜브 자세한 사용 방법 2   114

광고, 좋아요, 공유, 나중에 볼 동영상

DAY 21   모르면 안되는 영단어 #50   118

너무 많이 써서 이제는 한국어 같은 영어 단어

DAY 22   다시 배우는 영어회화와 문법 #33   121

과거형 만들기 & 발음 총정리 (일반동사 과거형)

DAY 23   모르면 안되는 영단어 #51   124

너무 많이 써서 국어사전에도 나오는 영어 단어

DAY 24   모르면 안되는 영단어 #52   매일 뉴스에 나오는 영어 단어   127

DAY 25   다시 배우는 영어회화와 문법 #34   불규칙 동사 과거 변화 1편   129

DAY 26 모르면 안되는 영단어 #53 정말 자주 쓰는 영어 단어 134

DAY 27 모르면 안되는 영단어 #54 정말 자주 쓰는 영어 단어 136

DAY 28 다시 배우는 영어회화와 문법 #35 자주 쓰이는 불규칙 과거 동사 138

DAY 29 모르면 안되는 영단어 #55 정말 많이 쓰는 영어 단어 143

DAY 30 모르면 안되는 영단어 #56 정말 자주 쓰는 영어 단어 145

보충수업 #3 – 모르면 안되는 영어 간판 #4 148
까먹지 않도록 간판으로 영어 배워요!

DAY 31 다시 배우는 영어회화와 문법 #36 150
'~했었나요?' 과거형으로 질문하기 + 과거형의 부정

DAY 32 모르면 안되는 영단어 #57 정말 자주 쓰는 영어 단어 157

DAY 33 모르면 안되는 영단어 #58 정말 자주 쓰는 영어 단어 160

DAY 34 다시 배우는 영어회화와 문법 #37 **'~할 것이다' 미래 표현 will** 162

DAY 35 모르면 안되는 영단어 #59 **꼭 알아야 하는 영어 단어** 172

DAY 36 다시 배우는 영어회화와 문법 #38 **시제 총정리** (현재/과거/미래) 175

DAY 37 모르면 안되는 영단어 #60 **영어 공부하고 싶게 만드는 수업** 185

DAY 38 다시 배우는 영어회화와 문법 #39 **Can 하나로 끝내는 영어회화** 187

DAY 39 모르면 안되는 영단어 #61 **정말 자주 쓰는 영단어** 193

DAY 40 다시 배우는 영어회화와 문법 #40 195

'~해도 될까요? ~ 할 수 있나요?' can으로 의문문 만들기

보충수업 #4 – 모르면 안되는 영어 간판 #5 200

간판에 참 많은 뜻이 있어요!

DAY 41 모르면 안되는 영단어 #62 202

한국인들이 대화 중 정말 많이 쓰는 영어 단어

DAY 42 다시 배우는 영어회화와 문법 #41 204

반드시 ~해야 한다. Must 익히기

DAY 43 모르면 안되는 영단어 #63 정말 자주 쓰는 영단어 209

DAY 44 다시 배우는 영어회화와 문법 #42 211

자주 쓰이는 'must' 바로 알기

DAY 45 모르면 안되는 영단어 #64 아주 중요한 영단어 217

DAY 46 다시 배우는 영어회화와 문법 #43 There is/are 활용 219

DAY 47 모르면 안되는 영단어 #65 아주 중요한 영단어 225

DAY 48 다시 배우는 영어회화와 문법 #44 There is/are 활용 227

DAY 49 모르면 안되는 영단어 #66 아주 중요한 영단어 231

DAY 50 다시 배우는 영어회화와 문법 #45 233

be able to를 반드시 알아야 하는 이유 (1강)

보충수업#5 – 모르면 안되는 영어 간판#6　　　237
까먹지 않도록 간판으로 영어 배워요!

DAY 51　모르면 안되는 영단어 #67　정말 자주 쓰는 영단어　　　239

DAY 52　다시 배우는 영어회화와 문법 #46　be able to의 활용 (2강)　　　241

DAY 53　다시 배우는 영어회화와 문법 #47　　　247
could 바르게 이해해서 회화에 사용하기

DAY 54　다시 배우는 영어회화와 문법 #48　　　251
꼭 필요한 should

DAY 55　모르면 안되는 영단어 #68　한국말 할 때도 많이 쓰는 영단어　　　255

DAY 56　다시 배우는 영어회화와 문법 #49　　　257
can be, will be를 세상에서 제일 쉽게 설명합니다.

DAY 57　모르면 안되는 영단어 #69　자주 쓰이는 영단어　　　261

DAY 58　다시 배우는 영어회화와 문법 #50　　　264
can, will로 질문하고 부정하는 방법

《친절한 대학의 다시 배우는 영어 교실》1권의 목차입니다. 지금 보고 있는 2권이 어렵거나
알파벳 읽는 것부터 시작하고 싶을 때는 1권을 준비해 학습하세요.

세상 제일 친절하고 쉬운 강의 – 영어 읽는 법

DAY 01 영어 읽는 법 – 파닉스 1편

DAY 02 영어 읽는 법 – 파닉스 2편

DAY 03 3글자 영어 단어 읽는 법

DAY 04 4글자 영어 단어 읽기

DAY 05 5글자 영어 단어 읽기

DAY 06 장모음 읽는 방법 (1강)

DAY 07 장모음 읽는 방법 (2강) –
A 장모음 읽기

DAY 08 장모음 읽는 방법 (3강) –
E 장모음 읽기

DAY 09 장모음 읽는 방법 (4강) –
I(i) 장모음 읽기

DAY 10 장모음 읽는 방법 (5강) –
O 장모음 읽기

DAY 11 장모음 읽는 방법 (6강) –
U 장모음 읽기

DAY 12 다시 배우는 영어 읽는 법 –
50년 전 배운 영어 다시 읽을 수 있게
해드립니다. (백과사전식)

모르면 안되는 영단어 & 다시 배우는 영어 회화와 문법

DAY 13 모르면 안되는 영단어 #1
집안 물건들

DAY 14 모르면 안되는 영단어 #2
주어로 쓰이는 단어들

DAY 15 다시 배우는 영어회화와 문법 #1
나의 이름 말하기

DAY 16 다시 배우는 영어회화와 문법 #2
나의 상태 표현

DAY 17 모르면 안되는 영단어 #3
기분 표현하는 단어

DAY 18 모르면 안되는 영단어 #4
직업을 표현하는 영어 단어

DAY 19 다시 배우는 영어회화와 문법 #3
You + are

DAY 20 모르면 안되는 영단어 #5
성격을 나타내는 영어 단어

DAY 21 다시 배우는 영어회화와 문법 #4
날씨와 시간 표현하기

DAY 22 모르면 안되는 영단어 #6
날씨를 표현하는 영어 단어

DAY 23 다시 배우는 영어회화와 문법 #5
He is / She is

DAY 24 다시 배우는 영어회화 #6
be동사 총정리 + 복수 be동사

DAY 25 모르면 안되는 영단어 #7
꽃이름(+꽃말)을 나타내는 영어 단어

DAY 26 다시 배우는 영어회화와 문법 #7
모든 것이 주어가 될 수 있다

DAY 27 다시 배우는 영어회화와 문법 #8
be동사 마지막 강의

DAY 28 모르면 안되는 영단어 #8
비교하는 영어 단어

DAY 29 모르면 안되는 영단어 #9
나라 이름 영어로

DAY 30 모르면 안되는 영단어 #10
눈, 코, 입 등 얼굴 영어로

DAY 31 모르면 안되는 영단어 #11
감정과 상태를 나타내는 영어 단어

DAY 32 다시 배우는 영어회화와 문법 #9
"~ 아닙니다" 부정어 표현 방법 (1강)

DAY 33 모르면 안되는 영단어 #12
외모를 표현하는 영어 단어

DAY 34 모르면 안되는 영단어 #13
가족 호칭

DAY 35 다시 배우는 영어회화와 문법 #10
"~ 아닙니다" (2강)

DAY 36 모르면 안되는 영단어 #14
성격 표현

DAY 37 모르면 안되는 영단어 #15
오늘/내일/모레 등

DAY 38 다시 배우는 영어회화와 문법 #11
"~아닙니다" (마지막 3강)

DAY 39 모르면 안되는 영단어 #16
주변 건물/시설들

DAY 40 다시 배우는 영어회화와 문법 #12
영어로 물어보는 법 (의문문 만들기)

DAY 41 모르면 안되는 영단어 #17
Beautiful world!!

DAY 42 다시 배우는 영어회화와 문법 #13
be동사와 일반동사(do동사) 차이점

DAY 43 모르면 안되는 영단어 #18
가장 많이 쓰이는 동사 5개

DAY 44 모르면 안되는 영단어 #19
가장 많이 쓰이는 동사 5개

DAY 45 다시 배우는 영어회화와 문법 #14
"~하지 않는다" 영어로 (일반동사 부정문)

DAY 46 모르면 안되는 영단어 #20
가장 많이 쓰이는 동사 5개

DAY 47 모르면 안되는 영단어 #21
가장 많이 쓰이는 동사 5개

DAY 48 다시 배우는 영어회화 문법 #15
3인칭 단수 + 일반동사 's' 붙이는 방법

DAY 49 모르면 안되는 영단어 #22
가장 많이 쓰이는 동사 5개

DAY 50 다시 배우는 영어회화와 문법 #16
"~하지 않는다" 영어로 (doesn't의 활용)

DAY 51 모르면 안되는 영단어 #23
취미를 나타내는 동사 5개

DAY 52 모르면 안되는 영단어 #24
가장 많이 쓰이는 동사 5개

DAY 53 다시 배우는 영어회화와 문법 #17
'-ing'는 언제 쓰는 건가요? (현재진행형)

DAY 54 모르면 안되는 영단어 #25
가장 자주 쓰이는 동사 5개

DAY 55 모르면 안되는 영단어 #6
하늘에 떠 있는 것들

DAY 56 다시 배우는 영어회화와 문법 #18
핵심 영어 문법 정리 + -ing의 부정

DAY 57 모르면 안되는 영단어 #27
가장 자주 쓰이는 동사 5개

DAY 58 모르면 안되는 영단어 #28
가장 자주 쓰이는 명사 5개

DAY 59 모르면 안되는 영단어 #29
가장 자주 쓰이는 동사 5개

DAY 60 다시 배우는 영어회화와 문법 #19
영어로 질문하는 방법

DAY 61 모르면 안되는 영단어 #30
가장 자주 쓰이는 명사 5개

DAY 62 모르면 안되는 영단어 #31
가장 자주 쓰이는 동사 5개

DAY 63 다시 배우는 영어회화와 문법 #20
영어로 질문하는 방법 (3인칭 단수)

DAY 64 모르면 안되는 영단어 #32
가장 자주 쓰이는 명사 5개

DAY 65 모르면 안되는 영단어 #33
가장 자주 쓰이는 동사 5개

DAY 66 모르면 안되는 영단어 #34
한국인이 대화 중 가장 자주 쓰는 단어 5개

DAY 67 다시 배우는 영어회화와 문법 #21
영어로 대답하는 방법

DAY 68 모르면 안되는 영단어 #35
한국인이 대화 중 가장 자주 쓰는 단어 5개

DAY 69 모르면 안되는 영단어 #36
가장 자주 쓰이는 동사 5개

DAY 70 다시 배우는 영어회화와 문법 #22
영어로 대답하는 방법 (확장)

DAY 71 모르면 안되는 영단어 #37
가장 자주 쓰이는 명사 5개

DAY 72 모르면 안되는 영단어 #38
무척 쉬운데 중요한 단어 5개

DAY 73 다시 배우는 영어회화와 문법 #23
영어로 대답하는 방법 (총정리)

1장 ▶

이 책의 동영상
보는 법

이 책은 모든 동영상 강의는 유튜브(YouTube)를 통해
제공합니다. 동영상은 스마트폰으로 볼 수 있는데요.
스마트폰을 잘 다루지 못해도 전혀 걱정하지 마세요.
처음부터 끝까지 아주 쉽게 설명해 드리니까요.
본격적으로 영어를 학습하기 전에 동영상 보는 법부터
숙지하고 넘어가세요.

유튜브에서 '친절한 대학' 채널 찾는 법 & 구독하는 법

'유튜브(YouTube)'는 전 세계적으로 사용하는 동영상 공유 사이트입니다. 다른 사람이 올린 동영상을 무료로 볼 수 있고, 반대로 내가 만든 동영상을 직접 업로드 할 수 있습니다.

자료가 방대한 유튜브에서 이 책의 동영상이 모여있는 '친절한 대학' 채널을 찾는 법을 아주 쉽게 설명해 드릴게요.

1 핸드폰에서 '유튜브(YouTube)'를 실행합니다. 앞으로 계속 사용할 '유튜브'의 아이콘을 꼭 기억해 두세요.

유튜브 아이콘

실행

2 유튜브를 켜면 다음과 같은 화면을 볼 수 있어요.
여기서 상단의 돋보기 모양의 '검색' 버튼을 누르면 '친절한 대학'
의 동영상을 찾아볼 수 있습니다.
검색 버튼을 눌러보세요.

선택

3 검색 창이 뜨면 검색 창에 '친절한 대학'을 입력한 후 '친절한 대학' 을 선택합니다.

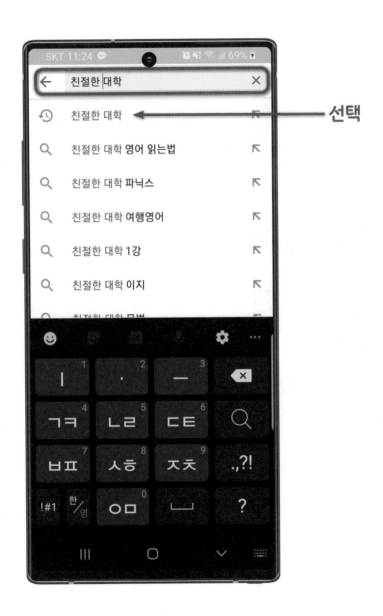

4 '친절한 대학'의 채널이 보이면, 원형 책꽂이 모양을 눌러 주세요.
그러면 '친절한 대학' 채널의 홈 화면으로 이동합니다.

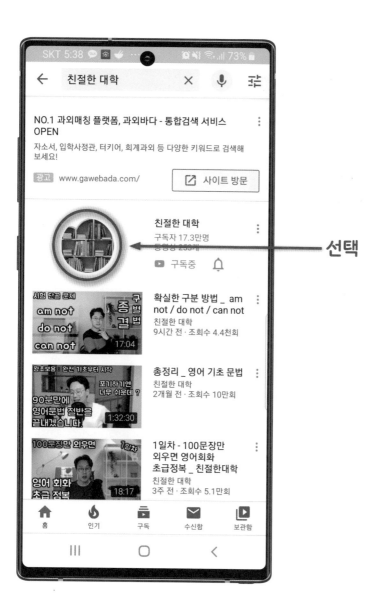

5 '친절한 대학'의 홈 화면입니다.
여기서 '구독' 버튼을 눌러 주세요.
그러면 상태가 '구독중'으로 바뀝니다.

선택

6 '구독중' 옆의 종 모양을 누르면 앞으로 '친절한 대학'의 이지 선생님이 동영상을 올릴 때마다 알림을 받을 수 있습니다.
종 모양을 누른 후 '전체'를 선택합니다.

'친절한 대학'에서
효과적으로 공부하는 법

이번에는 '친절한 대학' 채널을 파헤쳐 보고, 어떻게 이용하면 되는지
자세히 알아보겠습니다.

1 '친절한 대학' 홈 화면
상단에 '동영상'을 선택해 보세요.

선택

2 '친절한 대학'의 이지 선생님이 올리는 동영상을 최신 순(최근 올린 순서)으로 볼 수 있는데요, 여기서 '정렬 기준'을 눌러보세요. 그러면 인기 순서, 오래된 순서, 최신 순서로 정렬 기준을 선택할 수 있습니다. 이지 선생님이 올린 동영상을 처음부터 보고 싶다면 '추가된 날짜(오래된순)'를 선택하면 되겠지요?

3 이번에는 상단의 재생목록으로 들어가 볼게요. 이 부분은 이지 선생님이 올린 동영상을 주제별로 묶어 놓은 페이지입니다. 원하는 주제를 클릭하면 그 주제에 해당하는 영상만 볼 수 있어요. 예를 들어 '① 영어 왕초보 탈출! 영어 읽기'를 클릭하면 영어 읽는 법을 가르쳐 주는 동영상만 볼 수 있어요.

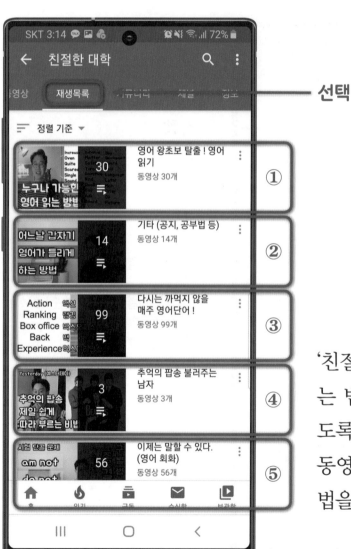

선택

'친절한 대학'에서 학습하는 법은 여기까지 설명하도록 하고, 다음에는 책의 동영상을 아주 쉽게 찾는 법을 알려 드리겠습니다.

▶ 이 책의 동영상 쉽게 찾는 법

이 책은 여러분이 쉽게 내용을 따라갈 수 있도록 모든 장마다 동영상 강의를 제공합니다. 영어를 처음 시작하거나 초보자인 경우 책만으로는 내용을 따라가기 어려울 수 있으니, 꼭 동영상 강의를 같이 보면서 학습하세요.

그럼 쉽게 동영상 강의를 보는 법을 설명 드릴게요. 일단 한번 따라 하면 정말 간단합니다.

일단 각 장의 제목 부분에 아래와 같은 네모난 도장 무늬가 보일 거예요. QR(큐알)코드라고 불리는 것인데요. 마트에서 물건 살 때 찍는 바코드와 유사한 고유 인식 마크라고 생각하시면 됩니다.

카카오톡이 제공하는 QR코드 인식기로 QR코드를 찍으면 해당 영상을 바로 볼 수 있어요.

▶ 모르면 안되는 영단어 #11   DAY 31

감정과 상태를 나타내는 영어 단어   ← QR코드

glad 글래드	기쁜

·I am glad to meet you. [아이 엠 글래드 투 미 츄] 만나서 반가워요.
·It is glad to meet you. [잇 이즈 글래드 투 미 츄] 만나서 반가워요.

다음 순서대로 QR코드 인식하는 법을 따라 해 보세요.

1 모두 카카오톡 깔려 있으시죠? 먼저 카카오톡을 켜보세요.
오른쪽 하단에 '점 세 개' 모양을 선택합니다.

선택

2 카카오톡의 다양한 기능을 볼 수 있는데요.

여기서 상단에 네모 박스가 QR코드 인식 프로그램입니다.

네모 박스를 눌러 주세요.

선택

3 카메라가 동작하면 노란 박스에 책의 QR코드를 맞춰 주세요.
그러면 QR 코드를 인식하고 하단에 영상의 링크가 뜹니다.
'웹브라우저로 열기'를 선택하면 해당 영상을 바로 볼 수 있습니다.

4 이 책의 각 장을 공부할 때마다 QR 코드를 찍어서 동영상과 함께
학습하세요.

▶ 2장

모르면 안되는 영단어 &
다시 배우는
영어 회화와 문법

너무 자주 쓰여서 마치 우리말처럼 쓰이고 있는 영어 단어들, 인사나 자기 소개처럼 수시로 쓰이는 영어 회화들을 번갈아 가면서 학습합니다. 꼭 동영상과 함께 학습해 주세요.

한국말 할 때도 자주 쓰는 영단어 5개

sense 센스	**감각**

- five senses [파이브 센시즈] 오감
- sense of humor [센스 오브 휴멀] 유머 감각
- sixth sense [씩쓰스 센스] 6번째 감각
- common sense [커먼 센스] 상식

air 에얼	**공기 / 대기 / 하늘**

- fresh air [프레쉬 에얼] 신선한 공기
- airplane [에얼플레인] 비행기
- air conditioner [에얼 컨디셔널] 에어컨
- air fryer [에얼 프라이어] 에어 프라이어
- air pod [에얼 팟] 에어 팟 (애플에서 만든 블루투스 이어폰)

question
쿠웨스쳔

질문 / 문제

· question & answer [쿠웨스쳔 앤 앤썰] 질문과 대답 (Q&A)
· question mark [쿠웨스쳔 말크] 물음표 (?)
· Any questions? [애니 쿠웨스쳔스] 질문 있나요?

idea
아이디어

발상 / 생각 / 견해

· Good idea. [굳 아이디어] 좋은 생각 (발상)
· I have no idea. [아이 해브 노 아이디어]
 (거기에 대해) 별다른 생각이 없어요.
· It's a good idea. [잇츠 어 굳 아이디어] 그거 좋은 생각(발상)이네요.

education
에쥬케이션

교육

· OO 에듀, OO 에듀케이션: 대부분 교육기관
· education system [에쥬케이션 시스템] 교육 제도
· Education starts at home. [에쥬케이션 스탈츠 앳 홈]
 교육은 집에서부터 시작합니다.

Where 영어 질문 방법

 Where + is + 장소?

장소는 어디에 있나요?

Where은 장소를 물을 때 쓰는데요. '어디에, 어디에서'로 해석하고 [웨얼]로 읽으면 됩니다. 'Where is 장소?'는 '~은 어디에 있나요?'라 는 의문문입니다.

A bank is there. 은행은 저기에 있어요.
　어　　뱅크　　이즈　　데얼

- Is a bank there? 은행은 저기에 있나요?
　이즈 어　　뱅크　　　　데얼

- Where is a bank? 은행은 어디에 있나요?
　웨얼　　이즈 어　　뱅크

 노트

be동사 의문문과 where 의문문을 비교해 볼게요.

be동사 의문문	be동사 + 주어 + OOO? 주어는 OOO에 있나요?
	Is my key on the table? 이즈 마이 키 온 더 테이블 내 열쇠는 테이블 위에 있나요?
where 의문문	Where + be동사 + 주어? 주어는 어디에 있나요?
	Where is my key? 웨얼 이즈 마이 키 내 열쇠는 어디에 있나요?

노트

소리를 내면서 아래 문장을 읽어 보세요.

Where is the hotel? 호텔은 어디에 있나요?
웨얼　이즈　더　호텔

Where is a taxi? 택시는 어디에 있나요?
웨얼　이즈 어　택시

Where is my car? 내 자동차는 어디에 있나요?
웨얼　이즈 마이　카알

Where is my key? 내 열쇠는 어디에 있나요?
웨얼　이즈 마이　키

Where is a bus stop? 버스정류장은 어디에 있나요?
웨얼　이즈 어　버스　스탑

Where is a subway station?
웨얼　이즈 어　서브웨이　스테이션

지하철역은 어디에 있나요?

노트

심화 아래 의문문을 반복해서 읽고 외워 보세요.

Where am I? 저는 어디에 있나요? (여기 어디죠?)
웨얼   엠 아이

Where are you? 당신은 어디 있나요?
웨얼   얼   유

Where is he? 그는 어디 있나요?
웨얼   이즈 히

Where is she? 그녀는 어디 있나요?
웨얼   이즈 쉬

Where is it? 그것은 어디 있나요?
웨얼   이즈 잇

Where are they? 그들은 어디 있나요?
웨얼   얼   데이

Where are we? 우리는 어디 있나요? (여기 어디죠?)
웨얼   얼   위

노트

우리말을 영어로 써 보세요.

1. 내 차는 어디에 있나요?

   _____

2. 내 차는 여기에 있나요?

   _____

3. 당신은 어디에 있나요?

   _____

4. 당신은 카페에 있나요?

   _____

5. 호텔은 어디에 있나요?

   _____

6. 호텔은 코너에 있나요?

   _____

정답: 1. Where is my car? [웨얼 이즈 마이 카알]　2. Is my car here? [이즈 마이 카알 히얼]　3. Where are you? [웨얼 얼 유]　4. Are you in the café? [얼 유 인 더 카페]　5. Where is a hotel? [웨얼 이즈 어 호텔]　6. Is a hotel at the corner? [이즈 어 호텔 앳 더 코널]

자주 쓰이는 명사 5개

point
포인트
점 / 지점 / 요점 / 점수

· **strong** point [스트롱 포인트] 강점
· **fishing** point [피싱 포인트] 낚시 포인트
· **What is your** point? [왓 이즈 유얼 포인트] 당신의 요점은 무엇인가요?
· **card** point [카드 포인트] 카드사 적립(포인트)

price
프라이스
값 / 가격 / 물가

· **How much is it?** [하우 머치 이즈 잇] 얼마입니까?
· **half** price [해프 프라이스] 반값
· **best** price [베스트 프라이스] 최저 가격

best는 '최고의, 최상의'라는 뜻입니다. 최고의 가격은 가장 낮은 가격이기 때문에 최저 가격으로 해석됩니다.

member
멤버(벌)

구성원 / 회원

- membership [멤벌쉽] 멤버십
- ship [쉽] 자격, 정신적 공유
- friendship [프렌드쉽] 우정
- partnership [파트너쉽] 동업자 정신

country
컨트리

국가 / 지역 / 시골

- European countries [유럽피언 컨트리스] 유럽 국가들
- beautiful country [뷰티풀 컨트리] 아름다운 국가(지역)
- country club [컨트리 클럽] 컨트리클럽(대부분 골프장을 의미)
- countryside [컨트리사이드] 시골, 전원

time
타임

시간

- time to say goodbye [타임 투 세이 굿바이] 작별해야 할 시간
- time zone [타임 존] 시간대(동일 표준시를 사용하는 지역들)
- What time is it now? [왓 타임 이즈 잇 나우] 지금 몇 시인가요?
- It's nine o'clock. [잇츠 나인 오(어)클락] 9시입니다.

Where 영어 질문 방법 (일반동사 활용)

 Where do you + **일반동사?**

당신은 어디서 ~을 하나요?

DAY 02의 Where와 be동사 활용에 이어서 일반동사와 Where을 이용한 의문문을 만드는 과정을 살펴볼까요?

You live in Seoul. 당신은 서울에 삽니다.
유   리브 인   서울

- **Do you live in Seoul?** 당신은 서울에 삽니까?
 두   유   리브 인   서울

- **Where do you live?** 당신은 어디에 사나요?
  웨얼   두 유   리브

 노트

41

Where is ~? ~은 어디에 있나요?(내가 어떤 사물을 찾을 때)

Where is a bank? 은행은 어디 있나요?
웨얼　이즈어　뱅크

Where is my key? 내 열쇠는 어디 있나요?
웨얼　이즈 마이　키

Where do you ~? 당신은 어디에(서) ~하나요?
(상대방이 어떤 행위를 하는 장소가 궁금할 때)

Where do you go? 당신은 어디 가시나요?
웨얼　두　유　고

Where do you work? 당신은 어디서 일하나요?
웨얼　두　유　월크

Do you ~? 당신은 ~을 하나요?
(특정 행동을 하는지 사실 여부 묻기)

Do you read books in a café?
두　유　뤼드　북스　인 어　카페
당신은 카페에서 책을 읽나요?

Do you go to school? 당신은 학교에 가나요?
두　유　고　투　스쿨

Where do you read books?
웨얼　두　유　뤼드　북스

당신은 어디에서 책을 읽나요?

Where do you go? 당신은 어디에 가나요?
웨얼　두　유　고

연습 소리를 내면서 아래 문장을 읽어 보세요.

Where do you go? 당신은 어디에 가나요?
웨얼　두　유　고

Where do you work? 당신은 어디에서 일하나요?
웨얼　두　유　월크

Where do you drink coffee?
웨얼　두　유　드링크　커피

당신은 어디에서 커피를 마시나요?

Where do you stay? 당신은 어디에서 지내나요?
웨얼　두　유　스테이

Where do you study? 당신은 어디에서 공부하나요?
웨얼　두　유　스터디

심화 앞 장의 'Where do you + 일반동사?' 패턴에서 do는 바뀔 수 있어요. You 대신 3인칭 단수 주어가 올 경우에는 does가 들어갑니다.

Where do I sit? 나는 어디에 앉나요?
웨얼　두 아이 싯

Where do we sit? 우리는 어디에 앉나요?
웨얼　두 위 싯

Where do you live? 당신은 어디에 사나요?
웨얼　두 유 리브

Where does he live? 그는 어디에 사나요?
웨얼　더즈 히 리브

Where does she live? 그녀는 어디에 사나요?
웨얼　더즈 쉬 리브

Where does Kim live? Kim은 어디에 사나요?
웨얼　더즈 킴 리브

Where do they live? 그들은 어디에 사나요?
웨얼　두 데이 리브

 노트

44

퀴즈 우리말을 영어로 써 보세요.

1. 내 차는 어디에 있나요?

---

2. 당신은 어디에 사나요?

---

3. 은행은 어디에 있나요?

---

4. 당신은 어디에서 일하나요?

 복습

~은 어디에 있나요?	당신은 어디에서 ~하나요?
Where is ~?	Where do you ~?

정답: 1. Where is my car? [웨얼 이즈 마이 카알]

2. Where do you live? [웨얼 두 유 리브]

3. Where is a bank? [웨얼 이즈 어 뱅크]

4. Where do you work? [웨얼 두 유 월크]

자주 쓰이는 명사 5개

quality 퀄리리(티)	질

- quantity [퀀터티] 양
- quality over quantity [퀄리리 오벌 퀀터티] 양보다는 질
- over [오벌] ~너머
- good/poor/high/low + quality [굳/푸어/하이/로우 퀄리리]
  좋은/나쁜/높은/낮은 질

town 타운	(소)도시 / 마을

- old town [올드 타운] 오래된 마을
- new town [뉴 타운] 신규 마을(뉴 타운)
- Chinatown [차이나타운] 차이나타운
- Koreatown [코리아타운] 코리아타운
- townhouse [타운하우스] 타운하우스(주택 단지)
- silver town [실버 타운] 실버 타운

  실버 세대를 지칭하는 신규 용어: 신중년, active senior, 웹버

street 스트리트	**거리 / 도로 / ~가**

- street food [스트리트 푸드] 길거리 음식
- street (night) market [스트리트 (나잇) 마켓] 길거리 (야간) 시장
- street musician [스트리트 뮤지션] 길거리 악사
- ABC St. [ABC 스트리트] ABC 가(거리) (St. = Street)
- Main Street [메인 스트리트] 메인스트리트(주된 번화가)

report 리포트	**보도 / 보고서 / 발표하다 / 보고하다**

- reporter [리포터] 리포터, 기자

  한국에서 대학생 과제: paper [페이퍼], essay [에세이] (레포트 X)

god 갓	**신 / 창조주**

- Oh, my god. [오, 마이 갓] 오마이 갓!(오, 나의 신이시여!)
- Oh, my gosh/goodness. [오, 마이 가쉬/굿니스]

  Oh, my god보다 더 무난한 표현
- God bless you. [갓 블레스 유] 신이 널 축복할 거야.

How 영어 질문 방법 (How much is it?)

표현1 **How** + **be동사** + **주어?**

주어는 어떻게 있나요?

How는 '어떻게, 얼마나'로 해석하고 [하우]라고 읽으면 됩니다. 평서문에서 How 의문문이 되는 과정을 볼까요?

You are good. 당신은 좋아요. (좋아 보여요.)
　유　얼　굳

- **Are you good?** 당신 좋나요? (괜찮나요?)
　얼　유　굳

- **How are you?** 당신 어때요? (잘 지내나요?)
　하우　얼　유

 노트

How 의문문도 Where 의문문과 구조가 비슷해요.

Where is a bank? 은행은 어디에 있나요?
웨얼   이즈어   뱅크

How are you? 당신은 어떻게 있나요? (잘 지내나요?)
하우   얼   유

구조 How/Where + be동사 + 주어?

Where do you live? 당신은 어디에 사나요?
웨얼   두   유   리브

How do you feel? 기분이 어떤가요?
하우   두   유   필

구조 How/Where + do + 주어 + 일반동사?

 노트

소리를 내면서 아래 문장을 읽어 보세요.

How is Kim? Kim은 어떻게 있나요? (Kim은 잘 지내나요?)
하우　이즈　킴

How is your mother?
하우　이즈　유얼　　마덜

당신의 어머니는 어떻게 있나요? (어머니는 잘 지내나요?)

How is it? 그것은 어떤가요?
하우　이즈　잇

How is the movie? 그 영화는 어떤가요?
하우　이즈　더　　무비

How are you? 당신은 잘 지내나요?
하우　　얼　유

How was your day? 당신의 하루는 어땠나요?
하우　　워즈　유얼　　데이

How was the movie? 그 영화는 어땠나요?
하우　　워즈　더　　무비

TIP was는 be동사의 과거형입니다. '~이 있었다'처럼 과거로 해석하면 됩니다. 추후 자세히 다룰게요.

How much/good/big + be동사 + 주어?

주어는 얼마나 많은가요/좋은가요/큰가요?

앞 장의 'How + be동사 + 주어?' 패턴 외에도 How는 much/good/big 등의 꾸며주는 말과 어울려 쓰이기도 합니다. 이때 How 는 '얼마나'로 쓰입니다.

'How much(기타) ~?' 문장을 소개할게요.

How much is it? (much: 많은)
하우 　 머치 　 이즈 잇

이것은 얼마나 많은가요? (이것은 얼마인가요?)

How good is it? (good: 좋은) 이것은 얼마나 좋은가요?
하우 　 굿 　 이즈 잇

How big is it? (big: 큰) 이것은 얼마나 큰가요?
하우 　 빅 　 이즈 잇

How long is it? (long: 긴) 이것은 얼마나 긴가요?
하우 　 롱 　 이즈 잇

How far is it? (far: 먼, 멀리) 이것은 얼마나 먼가요?
하우 　 파(팔) 이즈 잇

How old is it? (old: 오래된, 나이 든)
하우 　 올드 이즈 잇

이것은 얼마나 오래된 건가요?

소리를 내면서 아래 문장을 읽어 보세요.

How old **are you**? 당신은 몇 살인가요?
하우　올드　얼　유

How old **is he**? 그는 몇 살인가요?
하우　올드　이즈　히

How old **is she**? 그녀는 몇 살인가요?
하우　올드　이즈　쉬

How old **is your mom**? 당신의 어머니는 몇 살인가요?
하우　올드　이즈　유얼　맘

How old **are they**? 그들은 몇 살인가요?
하우　올드　얼　데이

How far **is it**? 그것은 얼마나 먼가요?
하우　파(팔)　이즈　잇

How far **is the hotel**? 호텔은 얼마나 먼가요?
하우　파(팔)　이즈　더　호텔

How far **is the train station**?
하우　파(팔)　이즈　더　트뤠인　스테이션

기차역은 얼마나 먼가요?

How far **is the airport**? 공항은 얼마나 먼가요?
하우　파(팔)　이즈　디　에어폴트

How far **is the 63 Building**?
하우　파(팔)　이즈　더　씩스티-쓰리　빌딩

63빌딩은 얼마나 먼가요?

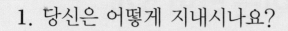 우리말을 영어로 써 보세요.

1. 당신은 어떻게 지내시나요?

_____

2. 당신의 나이는 어떻게 되나요?

_____

3. 그의 나이는 어떻게 되나요?

_____

4. 호텔은 얼마나 멀리 있나요?

_____

_____

_____

_____

정답: 1. How are you? [하우 얼 유]   2. How old are you? [하우 올드 얼유]   3. How old is he? [하우 올드 이즈 히]   4. How far is the hotel? [하우 파 이즈 더 호텔]

대화 중 자주 쓰이는 단어 5개

capital 캐피틀(를)	수도 / 자산

· Seoul is the capital of Korea. [서울 이즈 더 캐피틀 오브 코리아]
서울은 한국의 수도입니다.

· Washington, D.C. is the capital of the USA.
[워싱턴 디씨 이즈 더 캐피틀 오브 더 유에스에이]
워싱턴 D.C.는 미국의 수도입니다.

· venture capital [벤처 캐피틀] 벤처 케피탈

· capital (letter) [캐피틀 레러] 대문자

effect 이펙트	영향 / 효과

· butterfly effect [버터플라이 이펙트] 나비 효과

· anchoring effect [앵커링 이펙트] 앵커링 효과

· side effect [사이드 이펙트] 부작용

death
데쓰

죽음 / 사망

반대 birth [벌쓰] 탄생, 출산
- *Death Note* [데쓰 노트] 데스 노트(만화/영화 제목)
- Death Valley [데쓰 밸리] 죽음의 계곡(미국의 지명)
- death penalty [데쓰 페널티] 사형

part
파트

일부 / 부분

- part time [파트 타임] 시간제 아르바이트
- **비교** full-time job [풀 타임 잡] 상근직(전시간 근무하는 일)
- part 1/2/3 [파트 원/투/쓰리] 1/2/3 파트

line
라인

선 / 줄

- eye line [아이 라인] 아이 라인
- touchline [터치라인] 터치 라인(운동 경기에서 인/아웃 판정하는 선)
- stand in line [스탠드 인 라인] 줄서다
- cut in line [컷 인 라인] 새치기하다

대화 중 자주 쓰이는 명사 5개

model 마들	**모형 / 사례 / 모델**

- **plastic** model [플래스틱 마들] 프라 모델
- **development** model [디벨롭먼트 마들] 발전 모델
- **role** model [롤 마들] 역할 모델
- **beauty** model [뷰티 마들] 뷰티 모델

plan
플랜

계획 / 계획 세우다

- **planner** [플래너] 플래너, 계획을 적는 노트
- **travel** plan [트래블 플랜] 여행 계획
- **life** plan [라이프 플랜] 인생 계획
- plan **A**, plan **B** [플랜 에이, 플랜 비] 주요 계획, 비상시 계획

technology
테크날러지

기록

- medical technology [메디컬 테크날러지] 의학 기술
- **비교** technique [테크닉] 기술, 기법
- financial tech. [파이낸셜 테크] 재무 테크놀로지
- 재tech. 재무 + 테크(금융의 기술)

season
시즌

계절 / 절기 / 시즌

- spring/summer/fall(autumn)/winter
  [스프링/써머/폴(오텀)/윈터] 봄/여름/가을/겨울
- peak season [피크 시즌] 성수기
- off-season [오프 시즌] 비수기
- season off [시즌 오프] 시즌 오프(통상 계절이 지나 하는 세일 판매)
- 드라마 season 미국 드라마는 시즌별로 나누어 제작

chairman
췌얼맨

의장 / 회장

- CEO
  C: chief [취프] 최고의   E: executive [이그제커티브] 경영
  O: officer [아피썰] 임원

How 하나로 끝내는 영어회화
(How 2편, How와 일반동사 활용)

 How + do + you + 일반동사?

당신은 어떻게 ~하나요?

일반동사와 How를 이용한 의문문 만드는 과정을 살펴볼까요?

You feel good. 당신은 좋은 컨디션입니다.
　유　　필　　굳

- **Do you feel good?** 당신은 좋은 컨디션입니까?
　두　유　　필　　굳

- **How do you feel?** 당신 컨디션이 어떤가요?
　하우　두　유　　필

간단히 'How do you + 동사'를 쓰면 '당신은 어떻게 ~하나요?'라고
상태 등을 묻는 문장이 됩니다.

노트

58

'How do you + OO' 문장을 더 살펴볼게요.

Do you go by bus? 당신은 버스를 타고 가나요?
두 유 고 바이 버스

- **How do you go?** 당신은 어떻게 가나요?
하우 두 유 고

How do you like it? 당신은 어떻게 좋아하나요?
하우 두 유 라이크 잇

*무언가 먹거나/보거나 했을 때 그것이 어떤지 물어보는 표현입니다.

How do you cut it? 당신은 어떻게 자르나요?
하우 두 유 컷 잇(커릿)

How do you sit? 당신은 어떻게 앉나요?
하우 두 유 싯

How do you like your coffee?
하우 두 유 라이크 유얼 커피
당신은 당신의 커피를 어떻게 좋아하나요? (당신의 커피 어때요?)

How do you cut this?
하우 두 유 컷 디스
당신은 이것을 어떻게 자르나요?

정리 How가 '어떻게'와 '얼마나'로 쓰일 때를 비교해 볼게요.

어떻게 ~?	**How are you?** 당신은 어떤가요? 하우　얼　유 **How do you feel?** 당신의 기분이 어떤가요? 하우　두 유　필
얼마나 ~?	**How far is it?** 그곳이 얼마나 먼가요? 하우　파(팔) 이즈 잇 **How much do you like?** 하우　머치　두 유　라이크 당신은 얼마나 좋아하나요?

노트

60

How much **is it**?
하우 머치 이즈 잇

이것은 얼마나 많은가요? (이것은 얼마인가요?)

How big **is it**? 이것은 얼마나 큰가요?
하우 빅 이즈 잇

How long **is it**? 이것은 얼마나 긴가요?
하우 롱 이즈 잇

How much **do you like**?
하우 머치 두 유 라이크

당신은 얼마나 좋아하나요?

How often **do you walk**?
하우 오픈 두 유 워크

당신은 얼마나 자주 걷나요?

How long **does it take**?
하우 롱 더즈 잇 테이크

그것은 얼마나 (시간이) 걸리나요?

노트

How much **do you like it**?
하우　머치　두　유　라이크　잇

당신은 그것을 얼마나 좋아하나요?

How much **do you want**?
하우　머치　두　유　원트

당신은 얼마나 원하나요?

How much **do you need**?
하우　머치　두　유　니드

당신은 얼마나 필요로 하나요?

How often **do you walk**?
하우　오픈　두　유　워크

당신은 얼마나 자주 걷나요?

How often **do you work**?
하우　오픈　두　유　월크

당신은 얼마나 자주 일하나요?

How often **do you go**? 당신은 얼마나 자주 가나요?
하우　오픈　두　유　고

퀴즈 우리말을 영어로 써 보세요.

1. 당신은 어떻게 있나요? (지내나요?)

   _____

2. 그것은 얼마나 멀리 있나요?

   _____

3. 당신은 어떻게 생각해요?

   _____

4. 당신은 얼마나 자주 걷나요?

   _____

 노트

_____

_____

_____

정답: 1. How are you? [하우 얼 유]　2. How far is it? [하우 팔 이즈 잇]

3. How do you think? [하우 두 유 씽크]　4. How often do you walk? [하우 오픈 두 유 워크]

일반	**Are you a student?** 너는 학생이니? 얼 유 어 스튜던트
어디	**Where are you?** 너는 어디 있니? 웨얼 얼 유
어떻게	**How are you?** 너는 어떠니? 하우 얼 유
얼마나	**How old are you?** 너는 몇 살이니? 하우 올드 얼 유

일반	**Do you go to school?** 너는 학교에 가니? 두 유 고 투 스쿨
어디	**Where do you go?** 너는 어디에 가니? 웨얼 두 유 고
어떻게	**How do you go?** 너는 어떻게 가니? 하우 두 유 고
얼마나	**How often do you go?** 너는 얼마나 자주 가니? 하우 오픈 두 유 고

중요 명사 5개

class
클래스

학급 / 수업 / 계층 / 등급

- We are (in the) same class. [위 얼 (인 더) 쎄임 클래스]
  우리는 같은 학급입니다.
- English class [잉글리쉬 클래스] 영어 수업
- middle class [미들 클래스] 중간 계층
- business class [비즈니스 클래스] 비즈니스 클래스(비행기 상위 좌석)

paper
페이퍼

종이 / 신문 / 서류 / 과제

- paper company [페이퍼 컴퍼니] 페이퍼 컴퍼니
  실체 없는 서류상 기업
- daily paper [데일리 페이퍼] 일간지
- paperwork [페이퍼월크] 문서 업무
- paper [페이퍼] 과제, 리포트

test
테스트

시험 / 검사 / 실험

· IQ test [아이큐 테스트] 아이큐 테스트

비교 exam [이그잼] 정규 시험 / test [테스트] 가벼운 시험 /
quiz [퀴즈] 간단한 쪽지 시험

· blood test [블러드 테스트] 혈액 검사

· eye test [아이 테스트] 눈(시력) 검사

· nuclear test [뉴클리어 테스트] 핵실험

subject
서브젝트

주제 / 과목 / 주어

· subject of a talk [서브젝트 오브 어 톡] 대화의 주제

· English is my favorite subject. [잉글리쉬 이즈 마이 페이브릿 서브젝트]
영어는 내가 좋아하는 과목입니다.

· 1형식: S(subject: 주어) + V(verb: 동사) 형식의 문장 구조

science
싸이언스

과학

· SF 공상과학

　· science-fiction film [싸이언스 픽션 필름] 공상 과학 영화

　· fiction [필름] 허구, 소설

· science class/test [싸이언스 클래스/테스트] 과학 수업/시험

까먹지 않도록 간판으로 영어 배워요!

Best Shop 베스트 샵	**베스트 샵**

- best [베스트] 최상의, 최고의
- worst [월스트] 최악의, 가장 나쁜

The Coffee Bean 더 커피 빈	**더 커피 빈**

- The coffee bean & tea leaf [더 커피 빈 앤 티 리프] 커피숍 이름
- bean [빈] 콩   • tea [티] 차   • leaf [리프] 잎

Subway 서브웨이	**서브웨이**

- eat fresh [잇 프뤠시] (서브웨이 슬로건) 신선하게 드세요.
- subway [서브웨이] 지하철
- eat [잇] 먹다
- fresh [프뤠시] 신선한

Burger King
벌거 킹

버거킹

- burger [벌거] 햄버거
- king [킹] 왕
- fried [프라이드] 튀겨진

Paris Baguette
패뤼스 바겟

파리 바게트

- Paris [패뤼스] 프랑스 파리
- baguette [바겟] 바게트(빵의 종류)

노트

구독함에서 '친절한 대학' 찾는 법

잠깐 쉬어갈 겸, 유튜브를 자세하게 사용하는 방법과 구독함에서 '친절한 대학' 채널을 보는 방법을 알아보겠습니다.

1 스마트폰에서 유튜브를 켜서 홈 화면의 아래쪽을 살펴볼까요?

화면 아래에 다섯 개 버튼이 보일 거예요. 바로 홈, 인기, 구독, 수신함, 보관함 버튼입니다. 각 버튼의 기능을 자세하게 살펴볼게요.

① 홈

홈 버튼을 클릭하면 유튜브에서 여러분이 관심 가질 만한 영상을 추천해서 보여 줍니다. 지금까지 여러분이 보았던 동영상을 기반으로 데이터를 분석하여 추천해 줍니다.

② 인기

현재 한국에서 가장 있기 있는 영상을 보여 줍니다.

③ 구독

여러분이 '구독' 버튼을 누른 채널의 영상이 최근에 올라온 순서대로 보입니다. 이 화면의 우측 상단의 '전체' 버튼을 눌러보세요.

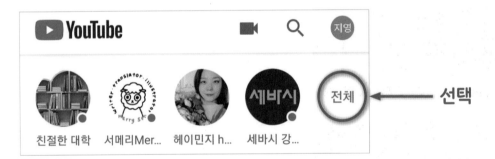

선택하면 여러분이 구독 중인 모든 채널이 보입니다. 여기서 여러분이 '구독'한 모든 채널을 볼 수 있습니다.

④ 수신함

수신함에는 알림 신청한 채널의 동영상이나 여러분이 남긴 댓글에 대한 피드백이 표시됩니다.

⑤ 보관함

보관함에는 최근 본 동영상이 표시되고, 기타 여러분이 동영상을 보았던 기록들이 보입니다.

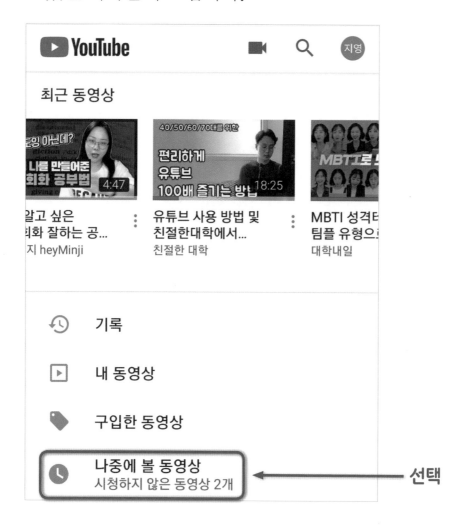

여기서 중요한 것은 '나중에 볼 동영상'인데요, 여러분이 유튜브에서 자유롭게 영상을 보다 보면 나중에 다시 한번 보고 싶은 영상이 생길 겁니다. 이때는 '나중에 볼 동영상'으로 저장해서 또 볼 수 있어요. '나중에 볼 동영상'으로 저장하는 방법은 다음 '쉬어가기'에서 알려드릴게요.

대화 중 자주 쓰이는 명사 5개

television 텔리비젼	텔레비전

- tele [텔리] 먼 거리에 걸친, 멀리
  - telepathy [텔레파씨] 텔레파시 / telephone [텔러폰] 전화기
- vision [비젼] 시각, 상상(환상)
  - vision camp [비젼 캠프] 비전 캠프

manner 매널	방식 / 태도 / 예의(s)

- manners [매널스] 예의, 매너
- etiquette [에티켓] 에티켓
- mannerism [매너리즘] 매너리즘
- Manners make the man. [매널스 메익 더 맨] 매너가 사람을 만든다.
  (영화 '킹스맨'의 명대사)

duty
듀리(티)

의무 / 세금

- 국방/납세/교육/근로 (국민의 4대 의무)
- 비교 tax [택스] 세금
- tax free [택스 프리], duty free [듀리 프리] 세금 면제
- tax refund [택스 리펀드] 세금 환급

press
프레스

언론 / 인쇄 / 압축 기계 / 누르다 / 압박하다

- press center [프레스 센터] 프레스 센터(언론사 기자들 업무 센터)
- the press [더 프레스] 언론, 기자들
- pressure [프레셔] 압력, 압박
- blood pressure [블러드 프레셔] 혈압

library
라이브러리

도서관 / 서재

- school library [스쿨 라이브러리] 학교 도서관
- library book [라이브러리 북] 도서관 책
- YouTube library [유튜브 라이브러리] 유튜브 라이브러리
  나중에 보고 싶은 동영상을 저장해 놓는 기능

What으로 질문하기

표현 **What + be동사 + 주어?**

주어는 무엇인가요?

앞서 배운 Where/How와 마찬가지로 What 역시 be동사와 함께 쓰이기도 하고 일반동사와 함께 쓰이기도 합니다.

Your name is Kim. 당신의 이름은 Kim입니다.
유얼   네임 이즈 킴

- **Is your name Kim?** 당신의 이름은 Kim입니까?
이즈 유얼   네임   킴

- **What is your name?** 당신의 이름은 무엇인가요?
왓 이즈 유얼   네임

 노트

What is this? 이것은 무엇인가요?
왓 이즈 디스

What is that? 저것은 무엇인가요?
왓 이즈 댓

What is your hobby? 당신의 취미는 무엇인가요?
왓 이즈 유얼 하비

What is your phone number?
왓 이즈 유얼 폰 넘벌
당신의 전화번호는 무엇인가요?

What is his name? 그의 이름은 무엇인가요?
왓 이즈 히즈 네임

What is her job? 그녀의 직업은 무엇인가요?
왓 이즈 헐 잡

노트

소리를 내면서 아래 문장을 읽어 보세요.

What time is it? 지금은 무슨 시간인가요? (몇 시인가요?)
왓　　타임　이즈 잇

What color is your car?
왓　　컬러　이즈 유얼　　카알

당신의 차는 무슨 색깔인가요?

What size is this? 이것은 무슨 사이즈인가요?
왓　　사이즈 이즈 디스

What day is today?
왓　　데이 이즈　투데이

오늘은 무슨 날인가요?

What time is dinner?
왓　　타임　이즈　　디너

저녁은 무슨 시간인가요? (몇 시인가요?)

What time is the concert?
왓　　타임　이즈 더　　콘설트

콘서트는 무슨 시간인가요? (몇 시인가요?)

TIP What은 time/color 등의 명사와 어울려 쓰이기도 합니다. 이때의 What은 '무슨/어떤'으로 쓰입니다.

- **What color is it?** 이것은 무슨 색깔이야?
- **What time is it?** 무슨 시간(몇 시)이야?

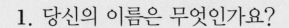 우리말을 영어로 써 보세요.

1. 당신의 이름은 무엇인가요?

_____

2. 지금은 무슨 시간인가요? (몇 시인가요?)

_____

3. 당신의 취미는 무엇인가요?

_____

4. 당신의 차는 무슨 색깔인가요?

노트

_____

_____

_____

정답: 1. **What is your name?** [왓 이즈 유얼 네임] 2. **What time is it?**
[왓 타임 이즈 잇] 3. **What is your hobby?** [왓 이즈 유얼 하비]

4. **What color is your car?** [왓 컬러 이즈 유얼 카알]

Where	Where + be동사/일반동사

Where are you? 당신 어디예요?
웨얼 　 얼 　 유

Where do you live? 당신은 어디 사나요?
웨얼 　 두 유 리브

How	How + be동사/일반동사 How + 부사(far, long)

How are you? 당신 어떻게 지내요?
하우 　 얼 　 유

How do you go to school? 당신은 학교에 어떻게 가나요?
하우 　 두 유 고 투 　 스쿨

How long does it take? 얼마나 걸리나요?
하우 　 롱 　 더즈 　 잇 테익

What	What + be동사/일반동사 What + 명사 + be동사

What is love? 사랑이 무엇인가요?
왓 　 이즈 러브

What do you want? 무엇을 원해요?
왓 　 두 유 　 원트

What time is it? 몇 시인가요?
왓 　 타임 이즈 잇

한국인이 대화 중에 많이 쓰는 영어 단어

holiday
할러데이

휴가 / 방학 / 공휴일

- Christmas holidays [크리스마스 할러데이스] 크리스마스 휴가
- national holiday [내셔널 할러데이] 국경일
- Holiday Inn [할러데이 인] 홀리데이인(숙소명)
- holy [홀리] 신성한 – Holy Bible [홀리 바이블] 성경
- 비교 vacation [베이케이션] 휴가

content
컨텐트

내용물 / 목차 / 컨텐츠

- Caution: hot contents [커션: 핫 컨텐츠]
  주의: 뜨거운 내용물

'친절한 대학'의 영어 강의도 contents 중
하나라고 할 수 있어요.

career
커리어

사회생활 / 경력

- career woman [커리어 워먼] 커리어 우먼(직장 생활하는 여성)
- [주의] carrier [캐리어] 항공사, 수송 회사
- 삼성/LG/SK careers [커리어스] 기업 이력, 경력
- career path [커리어 패쓰] 경력 관리, 직무 배열

memory
메머리

기억(력) / 추억

- (a) bad memory [배드 메머리] 나쁜 기억
- memories of my grandma [메머리스 오브 마이 그랜마]
  나의 할머니의 기억(추억)
- [연상] memo [메모] 메모

loan
러운

대출 / 융자 / 대여

- bank loan [뱅크 러운] 은행 융자
- car loan [카알 러운] 자동차 구입 자금 대출
- 햇살 loan, 징검다리 loan (대출 제도의 이름)

What으로 질문하기 #2 (일반동사 활용)

 What + do + you + 일반동사?

당신은 무엇을 ~하나요?

DAY 12의 What과 be동사 활용에 이어서 일반동사와 What을 이용한 의문문 만드는 과정을 살펴볼까요?

You like coffee. 당신은 커피를 좋아합니다.
유　라이크　커피

- **Do you like coffee?** 당신은 커피를 좋아합니까?
두　유　라이크　커피

- **What do you like?** 당신은 무엇을 좋아합니까?
왓　두　유　라이크

'What do you + 동사'는 간단하게 '당신은 무엇을 OOO 하나요?' 정도로 해석할 수 있습니다.

'What + 일반동사' 문장을 더 살펴볼게요.

What do you **buy**? 당신은 무엇을 사나요?
왓   두   유   바이

What do you **eat**? 당신은 무엇을 먹나요?
왓   두   유   잇

What do you **need**? 당신은 무엇을 필요로 하나요?
왓   두   유   니드

What do you **think**? 당신은 무엇을 생각하나요?
왓   두   유   씽크

What do you **have**? 당신은 무엇을 가지고 있나요?
왓   두   유   해브

What does he **like**? 그는 무엇을 좋아하나요?
왓   더즈   히 라이크

노트

'What + 명사 + 일반동사' 구조로도 질문할 수 있어요. 여기서 What 은 '무슨/무엇'의 뜻으로 뒤에 나오는 명사를 꾸며 줍니다.

What color **do you like**? 당신은 무슨 색깔을 좋아합니까?
왓   컬러   두 유 라이크

연습 소리를 내면서 아래 문장을 읽어 보세요.

What time **do you go**?
왓   타임   두 유 고
당신은 무슨 시간(몇 시)에 가나요?

What time **do you go home**?
왓   타임   두 유 고 홈
당신은 무슨 시간(몇 시)에 집에 가나요?

What flowers **do you like the most**?
왓   플라워   두 유 라이크 더 모스트
당신은 어떤(무슨) 꽃을 가장 좋아하나요?

What subjects **do you like the most**?
왓   서브젝트(츠)   두 유 라이크 더 모스트
당신은 어떤(무슨) 과목을 가장 좋아하나요?

What time **does the restaurant open**?
왓   타임   더즈 더 레스토랑 오픈
그 식당은 무슨 시간(몇 시)에 여나요?

What을 활용하여 가장 자주 쓰는 표현은 'What kind of ~ ' (어떤 종류의 ~을 좋아하나요?) 라는 표현입니다. 아주 자주 쓰는 표현이니 통째로 외워 두세요.

What kind of food do you like?
왓　　카인드오브(카인오브)푸드　두　　유　　라이크

당신은 어떤 종류의 음식을 좋아하나요?

What kind of book do you like?
왓　　카인드오브(카인오브)북　두　　유　　라이크

당신은 어떤 종류의 책을 좋아하나요?

What kind of + movie, sport, juice, wine 등도 넣어서 다양하게 활용해 보세요.

정리 # What do you like? 당신은 무엇을 좋아합니까?
왓　　두　유　라이크

What color do you like?
왓　　컬러　두　유　라이크

당신은 무슨 색깔을 좋아합니까?

What time do you go? 당신은 몇 시에 가나요?
왓　타임　두　유　고

What kind of food do you like?
왓　카인드　오브　푸드　두　유　라이크

당신은 어떤 음식을 좋아합니까?

퀴즈 우리말을 영어로 써 보세요.

1. 당신의 이름은 무엇인가요?

   _____

2. 당신은 무엇을 좋아하나요?

   _____

3. 당신은 무슨 색깔을 좋아하나요?

   _____

4. 당신은 무엇을 먹나요?

   _____

 노트 _____

_____

_____

정답: 1. What is your name? [왓 이즈 유얼 네임]

2. What do you like? [왓 두 유 라이크]

3. What color do you like? [왓 컬러 두 유 라이크]

4. What do you eat? [왓 두 유 잇]

복습 **How are you?** 잘 지내나요?
하우 얼 유

How far is it? 얼마나 먼가요?
하우 파(팔) 이즈 잇

How do you feel? 기분이 어떤가요?
하우 두 유 필

How often do you go? 얼마나 자주 가나요?
하우 오픈 두 유 고

What is your name? 당신의 이름은 무엇인가요?
왓 이즈 유얼 네임

What time is it? 몇 시인가요?
왓 타임 이즈 잇

What do you like? 당신은 무엇을 좋아하나요?
왓 두 유 라이크

What color do you like?
왓 컬러 두 유 라이크
당신은 무슨 색깔을 좋아하나요?

 노트

한국인이 대화 중에 많이 쓰는 영어 단어

space
스페(빼)이스

(빈) 공간 / 장소 / 우주

- parking space [팔킹 스페이스] 주차 공간
- space shuttle [스페이스 셔를] 우주왕복선
- Space X [스페이스 엑스] 엘론 머스크가 설립한 회사
- There is no space for this. [데얼 이즈 노 스페이스 폴 디스]
  이것을 위한 공간이 없다.

design
디자인

디자인 / 설계 / 고안하다

- fashion designer [패션 디자이너] 의상 디자이너
- What a beautiful design! [왓 어 뷰리풀 디자인]
  디자인이 정말 아름답네요!
- Web design [웹 디자인] 웹디자인
- He designed the car. [히 디자인드 더 카알]
  그가 그 차를 디자인(고안)했다.

87

title
타이를

제목 / 칭호 / 직함 / 타이틀

- book title [북 타이를] 책의 제목
- Dr. Prof. Mr. Mrs. Miss. [닥털, 프로페설, 미스터, 미세스, 미스]
  이름 앞에 붙는 호칭(박사님, 교수님, 선생님, ~씨)
- job title [잡 타이를] 일의 직함
- the world heavyweight title [더 월드 헤비웨잇 타이를]
  헤비급 챔피언

cover
커벌

덮다 / 대신하다 / 다루다 / 엄호하다

- cushion cover [쿠션 커벌] 쿠션 커버(쿠션의 껍데기)
- He will cover for me ~. [히 윌 커벌 폴 미]
  그가 내 일을 대신할 것이다.
- cover letter [커벌 레러] 자기소개서
- 이지샘이 오늘 이만큼 cover할 거예요(다룰 거예요).

manager
매니저

경영자 / 관리자 / 감독 / 매니저

- hotel manager [호텔 매니저] 호텔 관리자
- floor manager [플로어 매니저] 매장(층) 관리자
- 비교 coach, head coach [코우치, 헤드 코우치] 코치, 수석 코치

과거형으로 말하기 - be동사의 과거형

표현　**주어 + 과거형 be동사 + OOO.**

　　　주어는 OOO이었다.

과거형 '~이었다'는 표현을 배워 볼게요.

주어	현재	과거
I	am	was
She He It 단수 주어	is	was
We You They 복수 주어	are	were

I am a student. 나는 학생이다. (연결성, 지속성)
아이 엠 어 　 스튜던트

- **I was a student.** 나는 학생이었다. (단절)
아이 워즈 어 　 스튜던트

연습 소리를 내면서 아래 문장을 읽어 보세요.

I am a doctor. 나는 의사이다.
아이 엠 어 　 닥터

- **I was a doctor.** 나는 의사였다.
아이 워즈 어 　 닥터

I am happy. 나는 행복해.
아이 엠 　 해피

- **I was happy.** 나는 행복했었어.
아이 워즈 　 해피

You are a student. 너는 학생이다.
유 　 얼 어 　 스튜던트

- **You were a student.** 너는 학생이었다.
유 　 월 어 　 스튜던트

You are excited. 너는 신이 난다.
유 얼 익사이티드

- **You were excited**. 너는 신이 났었다.
유 월 익사이티드

He is a teacher. 그는 선생님입니다.
히 이즈 어 티쳘

- **He was a teacher**. 그는 선생님이었습니다.
히 워즈 어 티쳘

He is sick. 그는 아픕니다.
히 이즈 씩

- **He was sick**. 그는 아팠었어요.
히 워즈 씩

She is in an office. 그녀는 사무실에 있어요.
쉬 이즈 인 언 오피스

- **She was in an office**. 그녀는 사무실에 있었어요.
쉬 워즈 인 언 오피스

She is beautiful. 그녀는 아름다워.
쉬 이즈 뷰리풀

- **She was beautiful**. 그녀는 아름다웠어.
쉬 워즈 뷰리풀

It is cold. (today) (오늘은) 날씨가 추워요.
잇 이즈 콜드

- **It was cold.** (yesterday) (어제) 날씨가 추웠어요.
잇 워즈 콜드

Kim is in Seoul. Kim은 서울에 있어요.
킴 이즈 인 서울

- **Kim was in Seoul.** Kim은 서울에 있었어요.
킴 워즈 인 서울

My key is here. 내 열쇠 여기 있어.
마이 키 이즈 히얼

- **My key was here.** 내 열쇠 여기 있었어.
마이 키 워즈 히얼

We are tired. 우리는 지친다.
위 얼 타이얼드

- **We were tired.** 우리는 피곤했었어.
위 월 타이얼드

They are Korean. 그들은 한국인이야.
데이 얼 코리안

- **They were Korean.** 그들은 한국인이었어.
데이 월 코리안

They are bored. 그들은 지겨워(하네).
데이　얼　볼드

- **They were bored.** 그들은 지겨웠었어.
데이　월　볼드

Two seats are vacant. 두 자리가 빈다.
투　시츠　얼　베이컨트

- **Two seats were vacant.** 두 자리가 비어 있었어.
투　시츠　월　베이컨트

My dogs are hungry. 내 강아지들이 배가 고파.
마이　독스　얼　헝그리

- **My dogs were hungry.**
마이　독스　월　헝그리

내 강아지들이 배가 고팠었어.

우리말을 영어로 써 보세요.

1. 나는 학생이었다.

_____

2. 나는 행복했었다.

_____

3. 너는 학생이었다.

_____

4. 그는 아팠었다.

_____

5. (날씨가) 추웠다.

_____

6. **Kim**은 서울에 있었다.

_____

7. 그들은 지루했었다.

_____

8. 내 강아지들이 배고팠었다.

_____

정답: 1. I was a student. [아이 워즈 어 스튜던트]   2. I was happy. [아이 워즈 해피]   3. You were a student. [유 월 어 스튜던트]   4. He was sick. [히 워즈 씩]   5. It was cold. [잇 워즈 콜드]   6. Kim was in Seoul. [킴 워즈 인 서울]   7. They were bored. [데이 월 볼드]   8. My dogs were hungry. [마이 독스 월 헝그리]

정말 자주 쓰는 영어 단어

Dutch 더치	네덜란드의

- Dutch pay [더치 페이] 각자 계산
- (Let's) go Dutch [(렛츠) 고 더치] = split the bill [스플릿 더 빌]
  각자 계산하자
- 비교 Deutsch [도이치] = German [절믄] 독일인, 독일어, 독일의
- Dutch coffee [더치 커피] 장시간 우려낸 커피
  - cold brew(water drip) [콜드 브루(워러 드립)] 콜드브루, 추출 커피

review 리뷰	검토 / 논평하다

- re (다시) + view (보다) [리뷰] 다시 보다, 논평하다
- pre (미리) + view (보다) [프리뷰] 미리 보다, 예고편
- under review [언더 리뷰] 검토 중이다
- power 블로거 블로그에 리뷰를 남기는 사람 중 영향력이 있는 사람
- influencer [인플루언써] 인플루언서(유튜브, 인스타그램 등에서
  영향력을 행사하는 개인을 일컫는 말)

confirm
컨펌(컨퍼엄)

확정하다 / 확인해 주다

· confirm a reservation [컨펌 어 레절베이션] 예약을 확정하다
· confirm an order [컨펌 언 오더] 주문을 확정하다
· confirm a date/schedule [컨펌 어 데이트/스케줄]
  일정(날짜)을 확정하다

join
조(져)인

가입 / 참가 / 연결하다

· join now/us [조인 나우/어스] 지금 가입하세요/우리와 함께 하세요
· joint venture [조인트 벤쳐] 합작 투자(joint 공동/합작의, join의 명사형)
· Can I join you? [캔 아이 조인 유] 합류해도 될까요?
· I joined the army/team. [아이 조인드 디 알미/팀]
  나는 군대(팀)에 합류했다.

save
세이브

저축 / 저장하다 / 구하다 / 아끼다

· save money/time [세이브 머니/타임] 돈을 모으기/시간 절약하기
· save the children [세이브 더 칠드런]
  아이들을 도와주세요(구합시다)
· 컴퓨터 save: 저장
· super saver [슈퍼 세이버] 대단한 선방(방어)

과거형 질문하고, 부정하는 쉬운 방법

 과거형 be동사 + 주어 + OOO?

주어는 OOO이었나요?

과거형으로 질문하는 방법은 매우 쉽습니다. 현재형에서 질문할 때 주어와 동사의 순서를 바꾸었던 것처럼 과거형도 주어와 동사의 순서를 바꾸기만 하면 됩니다.

You are a student. 당신은 학생입니다.
유   얼어   스튜던트

- **Are you a student?** 당신은 학생입니까?
아   유   어   스튜던트

You were a student. 당신은 학생이었습니다.
유   월   어   스튜던트

- **Were you a student?** 당신은 학생이었습니까?
월   유   어   스튜던트

I am happy. 나는 행복해.
아이 엠 　　 해피

- **Was I happy**? 나는 행복했었나?
워즈 아이 　 해피

You are excited. 너는 신이 났구나.
유 　 얼 　　 익사이티드

- **Were you excited**? 너는 신이 났었니?
월 　 유 　　 익사이티드

You are a doctor. 당신은 의사입니다.
유 　 얼 　어 　 닥털

- **Were you a doctor**? 당신은 의사였나요?
월 　 유 　어 　 닥털

He is sick. 그는 아파요.
히 이즈 씩

- **Was he sick**? 그는 아팠나요?
워즈 히 씩

She is in an office. 그녀는 사무실 안에 있어요.
쉬 이즈 인 언 오피스

- Was she in an office?
워즈 쉬 인 언 오피스
그녀는 사무실 안에 있었나요?

She is beautiful. 그녀는 아름다워요.
쉬 이즈 뷰리풀

- Was she beautiful? 그녀는 아름다웠나요?
워즈 쉬 뷰리풀

It is cold (today). (지금) 추워요.
잇 이즈 콜드 (투데이)

- Was it cold (yesterday)? (어제) 추웠나요?
워즈 잇 콜드 (예스터데이)

They are bored. 그들은 지루해해요.
데이 얼 볼드

- Were they bored? 그들은 지루해했나요?
월 데이 볼드

100

주어 + 과거형 be동사 + not + OOO.

주어는 OOO이 아니었습니다.

'~이 아니었어요'라고 해석할 수 있는 과거형 문장 부정형을 알아볼게요. 과거형 문장 부정은 be동사 뒤에 not만 붙여주면 됩니다.

You are a student. 당신은 학생입니다.
유　얼　어　스튜던트

- **You are not a student.** 당신은 학생이 아닙니다.
유　얼　낫　어　스튜던트

You were a student. 당신은 학생이었습니다.
유　월　어　스튜던트

- **You were not a student.** 당신은 학생이 아니었습니다.
유　월　낫　어　스튜던트

> **노트**

소리를 내면서 아래 문장을 읽어 보세요.

I am happy. 나는 행복해.
아이 엠　해피

- **I was not happy**. 나는 행복하지 않았어.
아이 워즈　낫　해피

You are excited. 너는 신이 났구나.
유　얼　익사이티드

- **You were not excited**. 너는 신이 나지 않았어.
유　월　낫　익사이티드

He is sick. 그는 아파요.
히 이즈 씩

- **He was not sick**. 그는 아프지 않았어요.
히　워즈　낫　씩

She is in an office. 그녀는 사무실 안에 있어요.
쉬 이즈 인 언　오피스

- **She was not in an office**.
쉬　워즈　낫 인 언　오피스
그녀는 사무실 안에 있지 않았어요.

She is beautiful. 그녀는 아름다워요.
쉬 이즈 뷰리풀

- **She was not beautiful**.
쉬 워즈 낫 뷰리풀
그녀는 아름답지 않았어요.

It is cold (today). (지금) 추워요.
잇 이즈 콜드 (투데이)

- **It was not cold** (yesterday). (어제) 춥지 않았어요.
잇 워즈 낫 콜드 (예스터데이)

They are bored. 그들은 따분해해요.
데이 얼 볼드

- **They were not bored**.
데이 월 낫 볼드
그들은 따분해하지 않았어요.

My dogs are hungry. 내 강아지들은 배가 고파요.
마이 독스 얼 헝그리

- **My dogs were not hungry**.
마이 독스 월 낫 헝그리
내 강아지들은 배가 고프지 않았어요.

You are a student. 당신은 학생입니다.
유   얼   어   스튜던트

Are you a student? 당신은 학생입니까?
아   유   어   스튜던트

You are not a student. 당신은 학생이 아닙니다.
유   얼   낫 어   스튜던트

You were a student. 당신은 학생이었습니다.
유   월   어   스튜던트

Were you a student? 당신은 학생이었습니까?
월   유   어   스튜던트

You were not a student. 당신은 학생이 아니었습니다.
유   월   낫 어   스튜던트

노트

퀴즈 우리말을 영어로 써 보세요.

1. 당신은 행복했었나요?

   _____

2. 그는 아팠었나요?

   _____

3. 그녀는 아름답지 않았어요.

   _____

4. 그들은 지루하지(따분해하지) 않았어요.

   _____

 노트

_____

_____

_____

정답: 1. Were you happy? [월 유 해피]   2. Was he sick? [워즈 히 씩]

3. She was not beautiful. [쉬 워즈 낫 뷰리풀]

4. They were not bored. [데이 월 낫 볼드]

재미있게 배우는 영어

century 센츄리	세기 / 100년

- **21st** century [투웨니 펄스트 센츄리] 21세기
- **nineteen eighties** (1980s) [나인틴 에이리스] 1980년대
  - A.D. : *Anno Domini* [아노 도미니] 기원후
  - B.C. : before Christ [비폴 크라이스트] 기원전

company
컴퍼니

회사 / 함께 있는 사람(동행자)

- **bus** company [버스 컴퍼니] 버스 회사
- **.com** / **co.kr** [닷 컴 / 씨오 닷 케이알] 인터넷 사이트 계정
  com/co 모두 **company**의 약어
- **co.kr** (Korea) 한국 계정 / **co.us** (USA) 미국 계정
- **.org** 정부 계정 / **.edu** 교육 계정

position
퍼지션

위치 / 자리 / 지위

- 축구/야구/농구 position [퍼지션] 위치, 지위
- best position [베스트 퍼지션] 최고 위치(자리)
- preposition [프리퍼지션] 전치사
- What is your position? [왓 이즈 유얼 퍼지션] 너는 지위(역할)가 뭐야?

management
매니쥐먼트

관리 / 경영

- manage [매니쥐] 관리하다, 해내다
- manager [매니져] 관리하는 사람
- management [매니쥐먼트] 관리
- brand management [브랜드 매니쥐먼트] 브랜드 관리자

body
바리(디)

몸 / 신체 / 몸통

- body lotion/wash [바리 로션/워쉬] 바디 로션, 바디 워시
- everybody, nobody, somebody [에브리바리, 노바리, 썸바리]
  모든 (사람), 아무도 없는, 누군가
- 카메라 body 카메라의 렌즈를 제외한 본체
- 와인의 바디(body)감

과거형 한 번에 정리

 주어 + **과거동사** + OOO.

주어는 OOO이 ~였습니다.

영어에는 수없이 많은 동사들이 있고, 동사마다 과거형으로 변하는 형태가 다릅니다. 물론 과거형으로 변화하는데 일정한 규칙이 있습니다. 끝에 -ed를 붙이는 것이죠. 하지만 자주 쓰이는 동사 중 제멋대로 과거형으로 변하는 것은 따로 외워야 합니다.

한국어로 과거를 말할 때 우리는 '먹다 → 먹었다'와 같이 '었/았' 등 어미를 추가합니다. 영어에서는 동사 자체가 변화합니다. 다양한 동사 변화를 소개할게요.

영어의 과거: 동사 자체가 변화

am → was	are → were
have → had	go → went

규칙 변화
동사 뒤에 -ed가 붙는 경우

study [스터디] 공부하다 → studied [스터디드] 공부했다

like [라이크] 좋아하다 → liked [라잌트] 좋아했다

look [룩] 바라보다 → looked [룩트] 바라보았다

talk [톡] 말하다 → talked [톡트] 말했다

불규칙 변화

have [해브] 가지다 → had [해드] 가졌다

do [두] 하다 → did [디드] 했다

see [씨] 보다 → saw [써] 봤다

get [겟] 얻다 → got [갓] 얻었다

think [씽크] 생각하다 → thought [쏘트] 생각했다

go [고] 가다 → went [웬트] 갔다

make [메이크] 만들다 → made [메이드] 만들었다

take [테이크] 가지다 → took [툭] 가졌다

come [컴] 오다 → came [케임] 왔다

가장 흔히 쓰이는 '가지다'라는 뜻을 가진 have의 과거형은 had입니다.

I have a car. 나는 차가 있어.
아이 해브　어 카알

I had a car. 나는 차가 있었어.
아이 해드　어 카알

have와 had가 들어간 문장을 연습해 보세요.

① have → had

I have/had a car. 나는 차가 있어/있었어.
아이　해브/해드　어 카알

I have/had a good idea. 나는 좋은 생각이 있어/있었어.
아이　해브/해드　어 굳　아이디어

I have/had a dream. 나는 꿈이 있어/있었어.
아이　해브/해드　어 드림

You have/had a good time.
유　해브/해드　어 굳　타임
너는 좋은 시간을 가진다/가졌어.

He has/had a pen. 그는 펜을 가지고 있어/있었어.
히　해즈/해드　어 펜

She has/had a job. 그녀는 직장이 있어/있었어.
쉬　해즈/해드　어 잡

'가다'라는 뜻을 가진 go의 과거형은 went입니다. go와 went가 들어간 문장을 연습해 보세요.

② go → went

I go/went home. 나는 집에 간다/갔었어.
아이 고/웬트   홈

I go/went out. 나는 나간다/나갔다.
아이 고/웬트   아웃

I go/went to the zoo. 나는 동물원에 간다/갔었어.
아이 고/웬트   투(웬투) 더   주

You go/went to school. 나는 학교에 간다/갔었어.
유   고/웬트   투(웬투)   스쿨

He goes/went to a café. 그는 카페에 간다/갔었어.
히   고즈/웬트   투(웬투)어   카페

She goes/went shopping.
쉬   고즈/웬트   샤핑
그녀는 쇼핑을 간다/갔었어.

노트

까먹지 않도록 간판으로 영어 배워요!
– 아파트 이름 배우기

Xi 자이	**자이**

- **extra** [엑스트라] 추가의
  - **extra charge** [엑스트라 찰지] 추가 요금
- **intelligent** [인텔리젼트] 총명한, 지능이 있는
  - **AI: artificial intelligence** [에이아이: 알티피셜 인텔리젼스] 인공지능

Raemian 래미안	**래미안**

Lotte Castle 롯데 캐쓸	**롯데 캐슬**

- **castle** [캐쓸] 성

Prugio 푸르지오	**푸르지오**

- **geo (geography)** [지오 (지오그래피)] 지구, 토양(지리학)

The Sharp 더 샵	더샵

- sharp [샬프] 날카로운, (악보에서) 샵 #
  - sharp teeth [샬프 티쓰] 날카로운 이

Hill State 힐 스테이트	힐스테이트

- hill [힐] 언덕, (나지막한) 산
  - Nottinghill 노팅힐; 영국 런던의 지명
  - Beverly Hills 비벌리 힐스; 미국 캘리포니아 주의 서쪽 도시
- state [스테이트] 상태, 국가
  - United States of America (USA) [유나이트 스테이츠 오브 어메리카] 미합중국

e-편한세상 이-편한세상	e-편한세상

I'Park 아이 팔크	아이파크

- park [팔크] 공원, 주차하다

광고, 좋아요, 공유, 나중에 볼 동영상

1. 유튜브에서는 무료로 동영상을 볼 수 있습니다. 이유는 광고로 수익을 얻기 때문인데요. 덕분에 여러분은 비용을 시불하시 않고 유튜브를 자유롭게 쓸 수 있습니다. 동영상을 시청할 때 광고가 나오면 일정 시간 광고를 시청한 후 영상을 볼 수 있습니다.

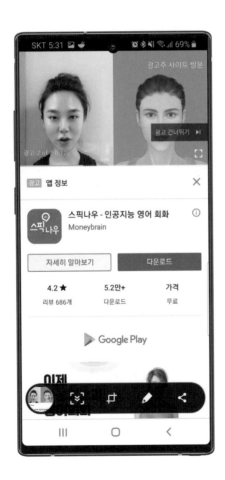

2 광고를 본 후 동영상을 볼 때 영상의 하단을 살펴보면 5개의 버튼을 볼 수 있습니다. 차례로 좋아요, 싫어요, 공유, 오프라인으로 저장, 저장 버튼인데요. 각 버튼의 기능을 알아보겠습니다.

① **좋아요**

동영상을 올린 유튜버(유튜브 영상 생산자)에게 응원을 해주는 버튼입니다. '좋아요' 버튼을 누른 독자 수로 동영상의 인기도를 알 수 있습니다.

② 싫어요

매우 불만족스러웠던 동영상이 있다면 '싫어요' 버튼을 누르시면 됩니다.

③ 공유

여러분의 지인들에게 공유하고 싶은 동영상을 공유할 수 있습니다. '친절한 대학'을 공유해 보겠습니다. '친절한 대학'을 통해 영어

를 알파벳부터 쉽게 배울 수 있도록 많이 많이 공유해 주세요.

일단 공유 버튼을 클릭합니다. 그럼 왼쪽 사진처럼 공유할 앱이 여러 개 뜹니다. 그중에서 대중적으로 사용하는 카카오톡을 선택합니다.

그다음 공유 대상을 선택한 후 확인을 누릅니다. 그러면 상대방에게 '친절한 대학' 동영상이 공유됩니다.

④ **오프라인으로 저장**

이 기능은 유튜브 유료 결제를 했을 때 사용할 수 있는 기능으로 따로 설명하지 않겠습니다.

⑤ **저장**

나중에 동영상을 다시 볼 수 있도록 저장하는 기능을 합니다. 저장 버튼을 길게 누르면 아래와 같은 화면이 뜨는데요. 확인을 선택하면 '보관함'의 '나중에 볼 동영상'에 저장이 되어 나중에도 볼 수 있습니다. 이 기능 꼭 알아두면 좋겠죠?

동영상 저장	＋ 새 재생목록
☑ 나중에 볼 동영상	
✓ 확인	

너무 많이 써서 이제는 한국어 같은 영어 단어

outdoor 아웃도얼	야외의

- out [아웃] 밖 + door [도얼] 문
  - North Face [놀스 페이스], K2 [케이투], Nepa [네파] 등 의류 상품
- outdoor brand/café [아웃도얼 브랜드/카페] 의류 상품/카페
- **반대** indoor [인도얼] 실내 (연습장)
- outdoor activities [아웃도얼 액티비리스] 외부 활동

care 케얼	돌봄 / 주의 / 관심 가지다

- 오바마 care [오바마 케얼]
  미국의 오바마 전 대통령이 주도한 의료 보험 시스템 개혁 법안
- health care [헬쓰 케얼] 의료 보건
- Take care. [테익 케얼] 건강하세요.
- Fragile: Handle With Care
  [프레즐: 핸들 위쓰 케얼]
  깨지기 쉬움, 주의해서 다뤄 주세요

FRAGILE

HANDLE WITH CARE

- I don't care. [아이 돈 케얼] 관심 없어.

trade
트(츄)뤠이드

거래 / 무역하다

- trade [트뤠이드] 프로 스포츠 선수 교환
- E-mart traders [이마트 트뤠이덜스] 이마트 트레이더스
- trade war/trademark [트뤠이드 워/트뤠이드 말크]
  무역 전쟁/상표, 특징
- HTS: home trading system [홈 트뤠이딩 시스템]
  집에서 거래하는 (주식) 시스템

language
랭귀지

언어 / 말

- body language [바리 랭귀지] 몸짓
- language school [랭귀지 스쿨] 언어 학교(언어 연수)
- English as a second language (ESL) [잉글리쉬 애즈 어 세컨 랭귀지]
  (모국어가 첫 번째 언어이고) 두 번째 언어로서의 영어
- language exchange [랭귀지 익스췌인지]
  언어를 교환하며 서로의 언어를 학습하는 방법

노트

club
클럽

동호회 / 클럽

- tennis/baseball club [테니스/베이스볼 클럽] 테니스/야구 동호회
- clubhouse [클럽하우스] 클럽(스포츠) 회관
- jazz club [째즈 클럽] 재즈 클럽
- nightclub [나이트클럽] 나이트클럽
- golf club [골프 클럽] 골프 클럽, 골프채
- camping club [캠핑 클럽] 캠핑 클럽

노트

과거형 만들기 & 발음 총정리
(일반동사 과거형)

규칙적으로 변화하는 동사를 과거형으로 만드는 방법을 보겠습니다.

	일반동사 + ed
기본 변화	help [헬프] 돕다 – helped [헬프트] 도왔다 walk [워크] 걷다 – walked [워크트] 걸었다 look [룩] 보다 – looked [룩트] 봤었다 watch [와치] 보다 – watched [와치트] 봤었다
	e로 끝나면 + d
	like [라이크] 좋아하다 – liked [라익트] 좋아했다 live [리브] 살다 – lived [리브드] 살았다
	y로 끝나면 y 삭제 + ied
예외 변화	study [스터디] 공부하다 – studied [스터디드] 공부했다 cry [크롸이] 울다 – cried [크롸이드] 울었다 play [플레이] 놀다 – played [플레이드] 놀았다
	단모음 + 단자음은 단자음 한 번 더 + ed
	stop [스탑] 멈추다 – stopped [스탑트] 멈췄다 plan [플랜] 계획을 세우다 – planned [플랜드] 계획을 세웠다

과거형으로 바꾼 동사를 읽는데도 법칙이 있습니다. 발음 규칙은 아래와 같습니다.

유성음 (b, g, v, z 등) 뒤: d	played [플레이드] 놀았다 lived [리브드] 살았다
무성음 (p, k, f, sh, ch 등) 뒤: t	helped [헬프트] 도왔다 walked [워크트] 걸었다 watched [와치트] 봤었다
d, t 뒤: id	ended [엔디드] 끝났다 waited [웨이티드] 기다렸다 studied [스터디드] 공부했다

노트

퀴즈 다음 질문에 알맞은 답을 골라 보세요.

1. stop(멈추다)의 올바른 과거형은?

   ① **stop**   ② **stoped**

   ③ **stopped**   ④ **stopd**

   ⑤ **stopied**

2. lived(살았다)의 올바른 발음은?

   ① **[liv]**   ② **[livd]**

   ③ **[livt]**   ④ **[laivd]**

   ⑤ **[laivt]**

정답: 1. ③   2. ②

**너무 많이 써서
국어사전에도 나오는 영어 단어**

risk 뤼스크	**위험 / 위험요인**

- high risk [하이 뤼스크] 고위험군
- high return [하이 뤼턴] 고소득
- owner risk [오우널 뤼스크] 오너 리스크
- 참고 risky [뤼스키] 위험한
- 비교 danger(dangerous) [데인절(데인져러스)] 위험(위험한)
- take a risk [테익 어 뤼스크] 위험을 떠안다

chance 챈쓰	**기회 / 가능성 / 우연**

- goal chance [꼬올 챈쓰] 득점 기회
- 버디 chance [버디 챈쓰] (골프) 버디 기회
- one more chance [원 모얼 챈쓰] 한 번 더 기회
- 50-50 chance [피프티-피프티 챈쓰] 50대 50의 이길 확률
- by chance [바이 챈쓰] 우연히, 혹시
- Give me a chance. [기브 미 어 챈쓰] 기회를 한 번만 더 줘.

issue
이슈

쟁점 / 문제 / 발행하다

- **사회** issue, **안보** issue 사회 문제, 안보 문제
- key/big/hot issue [키/빅/핫 이슈] 중요한/큰/최신의 문제/쟁점
- country/place of issue [컨츄리/플레이스 오브 이슈]
  여권 발행국(나라/장소)
- It is not an issue. [잇 이즈 낫 언 이슈] 이건 문젯거리가 아니야.

series
시뤼즈

연속 / 연쇄 / 시리즈

- mini/TV/drama series [미니/티뷔/드라마 시뤼즈] 연속극
- **해리포터/어벤저스** series [해리포러/어벤저스 시뤼즈]
  해리포터/어벤저스 시리즈
- **단어** series, **문법** series
- World Series [월드 시뤼즈] 야구 월드 시리즈(대회)
- World Cup Final [월드 컵 파이널] 월드컵 최종 경기

노트

performance
펄포먼스

공연 / 기능 / 실적

- ballet/piano performance [발레이/피애노 펄포먼스]
  발레/피아노 공연

- 반정부 performance [펄포먼스] 반정부 시위

- 자동차/카메라 performance [펄포먼스] 자동차/카메라 기능

- economic performance [이코노믹 펄포먼스] 경제 실적

- performance by the Korean team [펄포먼스 바이 더 코리안 팀]
  한국 대표팀의 실적(실력)

노트

매일 뉴스에 나오는 영어 단어

boycott 보이콧	**불매 운동 / 거부 운동**

· 어원: Charles Boycott

1870년대 말, 아일랜드에서 토지관리인 찰스 보이콧의 약점에 대해 소작인이 조직적으로 행한 사회적, 경제적인 절교. 현재 boycott의 어원이 되었다.

WTO
더블유티오　　　　　　**세계 무역 기구**

· W: World [월드] 세계
　T: Trade [트뤠이드] 무역
　O: Organization [올거니제이션] 기구

비교 WHO: W: World [월드] 세계
　　　　　H: Health [헬스] 보건
　　　　　O: Organization [올거니제이션] 기구

FTA
에프티에이

자유 무역 협정

- F: Free [프리] 자유
  T: Trade [트뤠이드] 무역
  A: Agreement [어그뤼먼트] 협정
- 국가 간 상품의 자유로운 이동을 위해 모든 무역 장벽을 완화하거나 제거하는 협정

whitelist
와이트리스트

바람직한 것 목록

- 국제 관계에서 국가 간 통상적으로 적용되는 규제나 조건 등을 면제하거나 혜택을 주기 위해 만든 국가 목록

반대 blacklist [블랙리스트] 대상을 감시하거나 권리를 제한하기 위한 목록

노트

불규칙 동사 과거 변화 1편

현재형	과거형
say [세이] 말하다	said [세드] 말했다
get [겟] 얻다	got [갓] 얻었다
make [메이크] 만들다	made [메이드] 만들었다
know [노우] 알다	knew [뉴] 알았다
think [씽크] 생각하다	thought [쏘트] 생각했다

5개 단어가 과거형으로 쓰인 다양한 예시를 살펴볼게요. 입밖으로 소리내어 따라 읽어 보세요.

① say → said

I say/said, "She is kind."
아이 세이/세드,   쉬 이즈 카인드

나는 "그녀는 착해요." 라고 말해요/말했어요.

You say/said love is blind.
유   세이/세드   럽   이즈 블라인드

당신은 사랑은 눈이 멀게 한다고 말해요/말했어요.

Say/Said hello to the teacher.
세이/세드　　헬로　투　더　　티쳐

선생님께 안녕하세요 라고 말해요/말했어요.

She said goodbye. 그녀는 안녕(작별)이라고 말했어요.
쉬　세드　　굿바이

He said something. 그는 무엇인가 말했어요.
히　세드　　썸씽

I said, "It's 3 o'clock." 나는 "지금 3시야."라고 말했어요.
아이 세드,　　잇츠 쓰리　오(어)클락

② get → got

You get/got a letter. 당신은 편지를 받아요/받았어요.
유　　겟/갓　어(가러) 레러

You get/got a job. 당신은 직업을 구해요/구했어요.
유　　겟/갓　　어　잡

I get/got a taxi. 나는 택시를 타요/탔어요.
아이　겟/갓　　어　택시

I get/got up at 7:00. 나는 7시에 일어나/일어났어.
아이　겟/갓　　업　앳 세븐　　(get up: 일어나다)

TIP 편지를 받고, 직업을 구하고, 택시를 타는 것은 현재형보다 과거형이 더 자연스럽습니다.

I got angry. 나는 화가 났었어요.
아이 갓 앵그리

I got a new camera. 나는 새 카메라를 얻었어.
아이 갓 어 뉴 캐메라

She got up late. 그녀는 늦게 일어났어요.
쉬 갓 업 레이트

③ make → made

I make/made a box. 나는 박스를 만들어요/만들었어요.
아이 메이크/메이드 어 박스

You make/made a cake.
유 메이크/메이드 어 케이크
당신은 케이크를 만들어요/만들었어요.

We all make/made mistakes.
위 올 메이크/메이드 미스테익스
우리는 모두 실수를 해요/했어요.

You make/made me happy.
유 메이크/메이드 미 해피
당신은 나를 행복하게 해요/했어요.

Made in France 프랑스에서 만들어짐
메이드 인 프랑스

She made me angry. 그녀는 나를 화가 나게 했어요.
쉬 메이드 미 앵그리

④ know → knew

I know/knew. 나는 알아요/알았어요.
아이   노우/뉴

I know/knew BTS. 나는 BTS를 알아요/알았어요.
아이   노우/뉴   비티에스

I know/knew how to swim.
아이   노우/뉴   하우 투 스윔
나는 어떻게 수영하는지 (수영하는 법을) 알아요/알았어요.

Do you know ~? 당신은 ~을 아시나요?
두 유 노우 ~

Do you know 손흥민? 당신은 손흥민을 아시나요?
두 유 노우 손흥민

Do you know his name?
두 유 노우 히즈 네임
당신은 그의 이름을 아시나요?

Do you know what he said?
두 유 노우 왓 히 세드
당신은 그가 무엇이라고 말했는지 아나요?

 노트

⑤ **think → thought**

I think/**thought so**. 나도 그렇게 생각해요/생각했어요.
아이   씽크/쏘트   쏘

I think/**thought I can**(could) **do it**.
아이   씽크/쏘트   아이 캔(쿠드)   두 잇
나는 내가 할 수 있다고 생각해요/생각했어요.

I think/**thought I am**(was) **kind**.
아이   씽크/쏘트   아이 엠(워즈)   카인드
나는 내가 친절하다고 생각해요/생각했어요.

I thought he was sick. 나는 그가 아팠다고 생각했어요.
아이   쏘트   히   워즈   씩

He thought Kim was kind.
히   쏘트   킴   워즈   카인드
그는 Kim이 친절하다고 생각했어요.

노트

정말 자주 쓰는 영어 단어

share
셰얼

공유하다 / 나누다

- sharing economy [셰어링 이코노미] 공유경제
  - ride sharing [라이드 셰어링] '쏘카, 타다'같은 차를 공유하는 서비스
  - house sharing [하우스 셰어링] 셰어하우스, 집을 공유하며 사는 주거 형태
- market share [말켓 셰얼] 시장 점유율
- shareholder [셰어홀더] 주주
- We will share. [위 윌 셰얼] 우리는 나눌 거야.

express
익스프레스

표현하다 / 속달의

- 동부 express, 알리 express, 홈플러스 express
- American Express card [아메리칸 익스프레스 카드]
  아멕스 카드로 불리며, 전 세계에서 사용 가능한 카드 중 한 종류이다.
- Express your idea! [익스프레스 유얼 아이디어]
  당신의 생각을 표현하세요!

contact
컨택트

연락하다 / 접착

- contact lens [컨택트 렌즈] 콘택트 렌즈
- hard/soft contact lens [하드/소프트 컨택트 렌즈] 하드/소프트렌즈
- eye contact [아이 컨택트] 눈맞춤
- contact info.(information) [컨택트 인포(인포메이션)] 연락처 정보

record
뤼(레)콜드

기록 / 녹음하다
레콜드   뤼콜드

- turntable [턴테이블] 음반을 돌리는 턴테이블
- LP: long-play record [엘피: 롱-플레이 레콜드] LP판
- recorder [리코덜] 녹음기
- medical records [메디컬 레콜즈] 의료 기록

focus
포커스

집중하다 / 초점

- out focusing(out of focus) [아웃 포커씽(아웃 로브 포커스)]
  초점이 벗어나다
- I focus on my work. [아이 포커스 온 마이 월크] 나는 내 일에 집중해.
- focus on the details [포커스 온 더 디테일즈] 세밀한 것에 집중하다

정말 자주 쓰는 영어 단어

message 메시지	전갈 / 메시지 / 교훈

· 문자 message

· South Korean President Moon has a message for Kim Jong Un from Trump. [사우스 코리안 프레지던트 문 해즈 어 메시지 폴 킴정은 프롬 트럼프] 남한의 문 대통령이 김정은 위원장에게 줄 트럼프 대통령으로부터 온 메시지가 있다.

· 예배/미사/법회의 message(설교)

background 빽그라운드	배경(개인의 / 일의 / 주변의)

· family background [패밀리 빽그라운드] 가족의 배경
social background [쏘셜 빽그라운드] 사회적 배경
educational background [에쥬케이셔널 빽그라운드] 교육적 배경
historical background [히스토리컬 빽그라운드] 역사적 배경
cultural background [컬츄럴 빽그라운드] 문화적 배경
class background [클래스 빽그라운드] 계층적 배경

· background music [빽그라운드 뮤직] 배경 음악

unique
유닉

유일무이한 / 독특한

- unique fashion/design [유닉 패션/디자인] 독특한 패션/디자인
  칭찬과 빈정의 경계선상
- Every person is unique. [에브리 펄슨 이즈 유닉]
  모든 사람은 유일무이한 존재야.
- unique address [유닉 어드뤠스] 유일무이한 (인터넷) 주소
- uni [유니] 하나(one): united [유나이티드] 연합된,
  universe [유니벌스] 우주, unisex [유니섹스] 양성의

concept
컨셉

개념 / 컨셉

- 컨셉이(아이디어가) 좋다.
- 자본주의 vs. 공산주의 concept / 큰 정부 vs. 작은 정부 concept
- new/basic concept [뉴/베이직 컨셉] 새로운/기본 개념

traffic
트뢰픽

교통(량) / 통신

- 트래픽이 심하네.(웹사이트에 접속이 안 될 때)
- traffic light [트뢰픽 라이트] 신호등
- traffic jam [트뢰픽 잼] 교통체증
- traffic accident [트뢰픽 액씨던트] 교통사고

자주 쓰이는 불규칙 과거 동사

현재형	과거형
see [씨] 보다	saw [써] 보았다
take [테이크] 받다	took [툭] 받았다
come [컴] 오다	came [케임] 왔다
give [기브] 주다	gave [게이브] 주었다
tell [텔] 말하다	told [톨드] 말했다

5개 단어가 과거형으로 쓰인 다양한 예시를 살펴볼게요. 입밖으로 소리내어 따라 읽어 보세요.

① see → saw

See you tomorrow/again. 내일 봐요.
씨 유 투마로우/어게인

See you again. 또 봐요.
씨 유 어게인

I see/saw you. 나는 너를 보다/봤다.
아이 씨/써 유

I saw a bird. 나는 새를 보았다.
아이 써 어 벌드

I saw a doctor. 나는 의사를 보았다. (진료를 받았다)
아이 써 어 닥털

Kim saw you swim. Kim은 너가 수영하는 것을 보았다.
킴 써 유 스윔

We saw the match. 우리는 그 경기를 보았다.
위 써 더 매치

② take → took

You take/took my hand. 당신이 내 손을 잡다/잡았다.
유 테이크/툭 마이 핸드

I took a walk. 나는 산책했었어.
아이 툭 어 워크

He took Highway 7. 그는 7번 고속도로를 탔어.
히 툭 하이웨이 세븐

I took a bus. 나는 버스를 탔었어.
아이 툭 어 버스

I took my key. 나는 내 열쇠를 가져왔다.
아이 툭 마이 키

I took my son to the zoo.

아이 툭 마이 선 투 더 주

나는 내 아들을 동물원에 데려갔다.

She took a photo. 그녀는 사진을 찍었다.

쉬 툭 어 포토

③ come → came

Come here. 여기로 오세요.

컴 히얼

Come and help me. 와서 저 좀 도와주세요.

컴 앤 헬프 미

I came by bus. 나는 여기 버스로 왔어.

아이 케임 바이 버스

He came here. 그는 여기로 왔었어.

히 케임 히얼

I came here yesterday. 나는 어제 여기 왔었어.

아이 케임 히얼 예스터데이

She came from Canada. 그녀는 캐나다에서 왔어.

쉬 케임 프롬 캐나다

He came alone. 그는 혼자 왔어.

히 케임 어론

④ give → gave

Give me five days. 저에게 5일을 주세요.
기브 미 파이브 데이즈

Give me a cup of coffee. 저에게 커피 한 잔 주세요.
기브 미 어 컵 오브 커피

I gave Kim a book. 저는 Kim에게 책 한 권을 주었습니다.
아이 게이브 킴 어 북

You gave me a pen. 당신은 저에게 펜 하나를 주었습니다.
유 게이브 미 어 펜

You gave me a cold. 당신은 저에게 감기를 옮겼습니다.
유 게이브 미 어 콜드

He gave me a present. 그는 저에게 선물을 주었습니다.
히 게이브 미 어 프레즌트

She gave me some money.
쉬 게이브 미 썸 머니

그녀는 저에게 (약간의) 돈을 주었습니다.

노트

⑤ tell → told

Tell me the truth. 나에게 진실을 말해 주세요.
텔 미 더 트루쓰

Don't tell a lie. 거짓말하지 마세요.
돈 텔 어 라이

I told Kim a joke. 나는 Kim에게 개그를 쳤다(말했다).
아이 톨드 킴 어 조크

She told me a story. 그녀는 저에게 얘기를 해 줬어요.
쉬 톨드 미 어 스토리

He told me he was sick.
히 톨드 미 히 워즈 씩
그는 나에게 그가 아프다고 말했어요.

I told her my age. 저는 그녀에게 나의 나이를 말했어요.
아이 톨드 헐 마이 에이지

My mom told me to study.
마이 맘 톨드 미 투 스터디
엄마는 저에게 공부하라고 얘기했어요.

노트

정말 많이 쓰는 영어 단어

| **diet**
다이어트 | **식사 / 식습관(다이어트)** |

영어와 한글의 다이어트는 다른 뜻입니다. 한글로는 살을 뺀다는 의미가 있지만 영어로는 '식습관'을 뜻합니다.

- **healthy/balanced** diet [헬씨/밸런스드 다이어트]
  건강한/균형 잡힌 식습관
- **low-fat/salt-free** diet [로우팻/쏠트프리 다이어트]
  저지방/무염 식습관
- **on a** diet [온 어 다이어트] 식이요법하다
- **I need to lose weight.** [아이 니드 투 루즈 웨이트]
  나는 체중을 줄일 필요가 있어.

dress
드뤠스

옷을 입다 / 드레스 / 원피스

- dress code [드뤠스 코드] 복장 규정
- dress up – suit [드뤠스 업 - 수트] 잘 갖춰 입은 정장
- dress down – casual [드뤠스 다운 - 캐주얼] 편하게 입은 복장
- dressing room [드뤠싱 룸] 옷방, 탈의실

plastic
플래스틱

플라스틱

- plastic **bag** [플라스틱 백] 비닐봉지
  우리나라에서 흔히 쓰이는 비닐 봉투는 영어로 plastic bag이라고 합니다.
- plastic **surgery** [플라스틱 설져뤼] 성형수술
- **Do you take** plastic? [두 유 테익 플래스틱] 신용 카드 받나요?

brain
브뤠인

뇌 / 지능

- brain **activity** [브뤠인 액티비리] 두뇌 활동
- brain**storming** [브뤠인스톨밍] 브레인스토밍
- **no** brain **survival** [노 브뤠인 설바이벌] 프로그램(게임) 이름
- **He is the** brains **of our company**.
  [히 이즈 더 브뤠인즈 오브 아월 컴퍼니]
  그는 우리 회사의 브레인(촉망받는 인재)이야.

retirement
뤼타이얼먼트

은퇴

- **early** retirement [얼리 뤼타이얼먼트] 조기 은퇴
- retirement **age** [뤼타이얼먼트 에이쥐] 은퇴 연령
- retirement **pension/pay** [뤼타이얼먼트 펜션/페이] 퇴직 연금/퇴직금
- **His life after** retirement **is happy**. 은퇴 이후 그의 삶은 행복해요.
  [히즈 라이프 애프터 뤼타이얼먼트 이즈 해피]

정말 자주 쓰는 영어 단어

casual
캐쥬얼

격식을 차리지 않은 / 무심한 / 대충하는

- casual day/style [캐쥬얼 데이/스타일] 편한 복장 입는 날
- business casual [비즈니스 캐쥬얼] 정장과 캐주얼 복장 중간
- casual meeting/manner [캐쥬얼 미링/매널]
  격식 차리지 않는 회의/태도
- casual talk/friendship [캐쥬얼 톡/프렌드쉽] 비격식적인 대화/관계

delivery
딜리버리

배달 / 분만(출산)

- 맥 delivery [맥 딜리버리] 맥도날드 배달 서비스
- express delivery service [익스프레스 딜리버리 설비스]
  고속 배달 서비스
- luggage delivery service [러기지 딜리버리 설비스]
  수하물 운송 서비스
- 한국의 다양한 delivery service [딜리버리 설비스] 배달 서비스
- difficult delivery [디피컬트 딜리버리] 난산(어려운 출산)

major
메이져

주요한 / 전공

- major/minor league [메이져/마이너 리그] 스포츠, 특히 야구에서 최고 기량을 지닌 팀들이 겨루는 시합 / 메이저리그보다 하위 팀들이 겨루는 시합
- major/minor company [메이져/마이너 컴퍼니] 주요/작은 기업
- What is your major? [왓 이즈 유얼 메이져] 네 전공은 뭐니?
- My major is history. [마이 메이져 이즈 히스토리] 내 전공은 역사학이야.

research
뤼썰치

연구 / 조사

- re [뤼] 다시 + search [설치] 검색, 찾기 → 깊은 탐구, 연구
- poll [폴] 여론 조사
- R&D: Research & Development [알앤디: 뤼썰치 앤 디벨롭먼트] 연구개발팀
- medical/historical research [메디컬/히스토리컬 뤼썰치] 의학/역사 연구

 노트

evidence
에비던스

증거 / 흔적

- evidence **of assault** [에비던스 오브 어썰트] 폭력의 증거
- evidence **for this theory** [에비던스 포 디스 씨어리]
  이 이론에 의한 증거
- evidence **of UFOs** [에비던스 오브 유에프오스] 유에프오의 증거
- **alien** [에일리언] 외계인

노트

까먹지 않도록 간판으로 영어 배워요!

COSTCO
코스트코

코스트코

- cost [코스트] 값, 비용 / company [컴퍼니] 회사
 (Cost + Co의 합성어)
- membership [멤벌쉽] 회원
- wholesale [홀쎄일] 도매

Home Plus
홈 플러스

홈플러스

- home [홈] 집, 가정
- house [하우스] 집
- home town [홈 타운] 고향
- house poor [하우스 푸얼] 하우스 푸어
 집을 소유하기 위해 무리하게 대출을 받아 빈곤하게 사는 사람들을
 가리키는 말

VIPS
빕스

빕스

- Very [베리] 매우, 아주
- Important [임폴턴트] 중요한
- Person [펄슨] 사람, 개인
- Society [소사이어티] 사회, 모임
- since [씬스] ~부터, ~ 이후
  since 1997 1997년부터

Twosome Place
투썸 플레이쓰

투썸플레이스

- twosome [투썸] 한 쌍, 2인조
- foursome [포썸] 4명
- place [플레이쓰] 장소

Angel in us
엔젤 인 어스

엔젤리너스

- angel [엔젤] 천사
- 반대 devil [데블] 악마, satan [세이튼] 사탄

'~했었나요?'
과거형으로 질문하기 + 과거형의 부정

표현1 **Did** + **주어** + **동사** + **OOO?**

주어는 OOO 동사했었나요?

일반동사를 과거로 질문하는 방법을 알아보겠습니다. 쉽게 이야기하면 기존 'Do you ~?'로 물어보던 것을 'Did you ~?'로 바꾸기만 하면 됩니다.

You live here. (일반 문장 – 현재) 너는 여기 산다.
유　　리브　　히얼

- **Do you live here?** (의문문 – 현재) 너는 여기 사니?
두　유　　리브　　히얼

You lived here. (일반 문장 – 과거) 너는 여기 살았었다.
유　　리브드　　히얼

- **Did you live here?** (의문문 – 과거) 너는 여기 살았었니?
디　쥬　리브　　히얼

Do you get a letter? 너는 편지를 받니?
두 유 겟어(게러) 레러

You got a letter. 너는 편지를 받았어.
유 갓 어 레러

- **Did you get a letter?** 너는 편지를 받았니?
디 쥬 겟 어 레러

You see Kim. 너는 Kim을 본다.
유 씨 킴

Do you see Kim? 너는 Kim을 보니?
두 유 씨 킴

You saw Kim. 너는 Kim을 봤다.
유 써 킴

- **Did you see Kim?** 너는 Kim을 봤니?
디 쥬 씨 킴

Did you see a doctor?
디 쥬 씨 어 닥털
당신은 의사 선생님을 봤었나요?

Did you say goodbye?
디 쥬 쎄이 굳바이
당신은 안녕이라고 말했었나요?

Did you get a taxi? 당신은 택시를 탔었습니까?
디 쥬 겟 어 택시

Did you get up at 7:00?
디 쥬 겟 업 앳 세븐
당신은 7시에 일어났습니까?

Did you make a cake?
디 쥬 메익 어 케익
당신은 케이크를 만들었었나요?

Did she take a photo? 그녀는 사진을 찍었나요?
디드 쉬 테익 어 포토

Did he come here yesterday?
디드 히 컴 히얼 예스털데이
그는 어제 여기 왔었나요?

Did Kim come here alone?
디드 킴 컴 히얼 얼론
Kim은 어제 여기 혼자 왔었나요?

Did they give Kim a book?
디드 데이 기브 킴 어 북
그들이 Kim에게 책을 주었나요?

주어 + did + not + 동사 + OOO.

주어는 OOO 동사하지 않았어요.

과거형 문장을 부정하는 것도 매우 쉬워요. 의문문에서 그랬듯 do를 did로 바꾸고 not을 뒤에 붙이면 됩니다.

You live here. (일반 문장 – 현재)
유　리브　히얼

너는 여기 산다.

- You do not(don't) live here. (부정문 – 현재)
유　두　낫　(돈)　리브　히얼

너는 여기 살지 않아.

You lived here. (일반 문장 – 과거)
유　리브드　히얼

너는 여기 살았었다.

- You did not(didn't) live here. (부정문 – 과거)
유　디드　낫　(디든트)　리브　히얼

너는 여기 살지 않았어.

 노트

연습 소리를 내면서 아래 문장을 읽어 보세요.

You get a letter. 너는 편지를 받아.
유　겟　어　레러

You don't get a letter. 너는 편지를 받지 않아.
유　돈　겟　어　레러

You got a letter. 너는 편지를 받았어.
유　갓　어　레러

- **You didn't get a letter.** 너는 편지를 받지 않았어.
유　디든　겟　어　레러

You see Kim. 너는 Kim을 본다.
유　씨　킴

You don't see Kim. 너는 Kim을 보지 않아.
유　돈　씨　킴

You saw Kim. 너는 Kim을 봤다.
유　써　킴

- **You didn't see Kim.** 너는 Kim을 보지 않았어.
유　디든　씨　킴

You didn't see a doctor.
유　디든　씨　어　닥털
너는 의사 선생님을 보지 않았어.

You didn't say goodbye.
유 디든 쎄이 굳바이

너는 안녕이라고 말하지 않았어.

You didn't get a taxi. 너는 택시를 타지 않았어.
유 디든 겟 어 택시

You didn't get up at 7:00.
유 디든 겟 업 앳 세븐

너는 7시에 일어나지 않았어.

You didn't make a cake.
유 디든 메익 어 케익

너는 케이크를 만들지 않았어.

She didn't take a photo.
쉬 디든 테익 어 포토

그녀는 사진을 찍지 않았어.

He didn't come here yesterday.
히 디든 컴 히얼 예스털데이

그는 어제 여기 오지 않았어.

Kim didn't come here alone.
킴 디든 컴 히얼 얼론

Kim은 여기 혼자 오지 않았어.

They didn't give Kim a book.
데이 디든 기브 킴 어 북

그들은 Kim에게 책을 주지 않았어.

복습 **Do you live here?** 너는 여기 사니?

두　유　리브　히얼

Did you live here? 너는 여기 살았었니?

디　쥬　리브　히얼

You don't live here. 너는 여기 살지 않아.

유　돈　리브　히얼

You didn't live here. 너는 여기 살지 않았어.

유　디든　리브　히얼

노트

정말 자주 쓰는 영어 단어

fund 펀드	기금 / 자금 / 펀드

- 저 친구 베트남 펀드로 돈 벌었대!
- **fund manager** [펀드 매니져] 펀드 매니저
- **social funding/crowd funding** [소셜 펀딩/크라우드 펀딩] 개인이나 신생 기업이 사업 개요를 공개해 일반인의 투자를 받는 것
- **IMF: International Monetary Fund**
  [아이엠에프: 인터내셔널 머니터리 펀드] 국제 통화 기금

inflation 인플레이션	통화팽창 / 물가 상승률

- **inflation**은 물가가 꾸준히 오르는 현상을 가리킵니다.
  (50원이었던 쌍쌍바가 지금은 1,000원이 된 경우죠.)
- **money supply** [머니 서플라이] 통화 공급
- **hyperinflation** [하이퍼인플레이션]
  물가가 극단적으로 상승하는 현상(초인플레이션)
- **deflation** [디플레이션] 물가가 하락하는 현상

assist 어시스트	**돕다**

- assistant [어시스트] 조수, 보조원

비교 help [헬프] vs. assist [어시스트]

help는 포괄적으로 누군가를 돕는 의미입니다. 물에 빠진 사람을 돕는 것처럼요. 반면, assist는 누군가를 옆에서 보조(서포트)하는 의미가 있습니다.

- assistant manager/professor [어시스트 매니져/프로페썰]
  보조 매니저/조교수

detail 디테일	**세부사항**

비교 retail [뤼테일] 소매, 소매상

- I want details. [아이 원트 디테일스] 나는 세부사항을 원해.
- Focus on the details. [포커스 온 더 디테일스] 세밀한 것에 집중해.
  작은 것까지 신경쓰라는 이야기입니다.

 노트

convention
컨벤션

대회 / 관습

· COEX Convention Center [코엑스 컨벤션 센터] 대행사(회의)장
· convention & exhibition [컨벤션 앤 익씨비션] 컨벤션 & 전시회
· social convention [소셜 컨벤션] 사회적 관습
· conventional weapons [컨벤셔널 웨펀스] 재래식 무기

노트

정말 자주 쓰는 영어 단어

KOSPI 코스피	**한국 종합 주가 지수**

- **KO**rea **c**omposite **S**tock **P**rice **I**ndex [코리아 컴파짓 스탁 프라이스 인덱스] 의 줄임말로, 증권시장에 상장된 기업의 전체적 주가를 기준 시점과 비교하여 나타내는 지표입니다. 우리나라 경제 상황을 총체적으로 보여주는 지표이기도 합니다.

- **composite** [컴파짓] 합성물, 합성의
- **stock** [스탁] 주식
- **price** [프라이스] 가격
- **index** [인덱스] 색인, 지수

KOSDAQ 코스닥	**코스닥**

- **KO**rea **S**ecurities **D**ealers **A**utomated **Q**uotation [코리아 시큐어러티스 딜러스 오토메이티드 쿼테이션] 의 줄임말로, 코스닥위원회가 운영하는 장외거래 주식시장입니다. 주로 중소, 벤처기업을 위한 증권시장입니다.

- **securities** [시큐어러티스] 증권
- **dealers** [딜러스] 중개인
- **automated** [오토메이티드] 자동의, 자동화된
- **quotation** [쿼테이션] 인용, 시세

160

claim
클레임

(권리) 요구 / 주장하다

- 하자가 있잖아. 클레임해!
- baggage claim [배기지 클레임] 공항에서 짐 찾는 곳
- claim letter [클레임 레러] (권리를) 요구하는 편지
- Tom claims he is rich. [톰 클레임스 히 이즈 뤼치]
  Tom은 그가 부자라고 주장한다.

pattern
패런(턴)

패턴 / 무늬

- 패턴으로 익히는 영어회화
- sleeping/eating pattern [슬리핑/이링 패런] 수면 패턴, 식사 패턴
- offense/defense pattern [오펜스/디펜스 패런] 공격 패턴, 수비 패턴
- pattern dress/shirt [패런 드뤠스/셜트] 무늬 있는 드레스/셔츠

average
애버리지

평균의 / 일반적인

- 자네 볼링 애버리지가 몇인가?
- average score [애버리지 스코어] 평균 점수
- average working hours [애버리지 월킹 아월스] 평균 근무 시간
- average price/cost [애버리지 프라이스/코스트] 평균 가격/비용

'~할 것이다' 미래 표현 will

 주어 + will + 동사.

주어는 동사할 것이다.

이번 시간에는 미래에 대해 배워보겠습니다. 과거, 현재와 비교하며 알아볼게요.

과거	나는 어제 수업을 들었다. (지금 듣는 중은 아니다)
	I went. [아이 웬트] 나는 갔었다.
	I didn't go. [아이 디든 고] 나는 가지 않았다.
	Did you go? [디 쥬 고] 너는 갔었니?
현재	나는 수업을 듣는다. (지난번에도 지금도 미래에도)
	I go. [아이 고] 나는 가다.
	I don't go. [아이 돈 고] 나는 가지 않아.
	Do you go? [두 유 고] 너는 가니?
미래	나는 수업을 들을 것이다. (지금은 아니지만 그러려고 한다)
	I will go. [아이 윌 고] 나는 갈 것이다.
	I will not go. [아이 윌 낫 고] 나는 가지 않을 거야.
	Will you go? [윌 유 고] 너는 갈 거니?

미래를 말하는 방법은 매우 쉽습니다. 동사 앞에 will [윌]이라는 단어를 넣기만 하면 '~할 것이다'라는 미래의 표현이 가능합니다.

I help you. 나는 너를 돕는다.
아이 헬프 유

- **I will help you**. 나는 당신을 도울 것이다.
아이 윌 헬프 유

I give you an apple. 나는 당신에게 사과를 준다.
아이 기브 유 언 애플

- **I will give you an apple**. 나는 당신에게 사과를 줄 것이다.
아이 윌 기브 유 언 애플

I drink a cup of water. 나는 물 한 컵을 마신다.
아이 드링크 어 컵 오브 워러

- **I will drink a cup of water**. 나는 물 한 컵을 마실 것이다.
아이 윌 드링크 어 컵 오브 워러

노트

참고로 will은 만능입니다. 현재형을 쓸 때 3인칭 단수 주어에 대해서 우리는 동사 뒤에 s 혹은 es를 붙였었습니다. 하지만 will이 들어가는 문장에서는 주어에 상관없이 무조건 〈will + 동사의 원래 형태〉를 쓰게 됩니다.

I help you. 나는 너를 돕는다.
아이 헬프 유

I will help you. 나는 너를 도울 것이다.
아이 윌 헬프 유

He helps you. 그는 너를 돕는다.
히 헬프스 유

He will help you. 그는 너를 도울 것이다. (helps X)
히 윌 헬프 유

She helps you. 그녀는 너를 돕는다.
쉬 헬프스 유

She will help you. 그녀는 너를 도울 것이다. (helps X)
쉬 윌 헬프 유

They will help you. 그들은 너를 돕는다.
데이 윌 헬프 유

Kim will help you. Kim은 너를 도울 것이다.
킴 윌 헬프 유

Will + 주어 + 동사?

주어는 동사할 것인가요?

현재형에서 의문문을 만들기 위해 'Do you ~?'를 썼죠? 마찬가지로 미래형에서는 Do 대신 Will을 써서 'Will you ~?'라고 쓰면 됩니다.

You help me. (일반 문장 – 현재) 너는 나를 돕는다.
유　　헬프　미

- **Do you help me?** (의문문 – 현재) 너는 나를 돕니?
두　유　　헬프　미

- **Will you help me?** (의문문 – 미래) 나를 도와주겠니?
윌　유　　헬프　미

You go to work. 너는 일하러 간다.
유　고　투　월크

- **Do you go to work?** 너 일하러 가니?
두　유　고　투　월크

- **Will you go to work?** 너 일하러 갈 거니?
윌　유　고　투　월크

연습 소리를 내면서 아래 문장을 읽어 보세요.

He helps you. 그는 너를 돕는다.
히 헬프스 유

- ## Does he help you? 그는 너를 돕니?
더즈 히 헬프 유

- ## Will he help you? 그는 너를 도울 거니?
윌 히 헬프 유

She goes to work. 그녀는 일하러 간다.
쉬 고즈 투 월크

- ## Does she go to work? 그녀는 일하러 가니?
더즈 쉬 고 투 월크

- ## Will she go to work? 그녀는 일하러 갈 거니?
윌 쉬 고 투 월크

TIP 현재형에서 주어가 3인칭 단수일 때 동사에 붙는 s나 es는 의문형에서도 생략됩니다.

노트

주어 + will + not + 동사.

주어는 동사하지 않을 것이다.

이번에는 미래에 '~하지 않은 것입니다'라고 부정하는 문장을 배워보겠습니다. will을 부정하려면 will 뒤에 not을 붙여서 will not을 쓰면 됩니다.

I help you. 나는 너를 돕는다.
아이 헬프 유

- **I do not help you.** 나는 너를 돕지 않는다.
아이 두 낫 헬프 유

- **I will not help you.** 나는 너를 돕지 않을 것이다.
아이 윌 낫 헬프 유

You go to work. 너는 일하러 간다.
유 고 투 월크

- **You don't go to work.** 너는 일하러 가지 않는다.
유 돈 고 투 월크

- **You will not**(won't) **go to work.**
유 윌 낫 (워운트) 고 투 월크
너는 일하러 가지 않을 것이다.

TIP will not [윌낫]을 won't [워운트]라고 줄여서 쓰기도 합니다.

소리를 내면서 아래 문장을 읽어 보세요.

He helps you. 그는 너를 돕는다.
　히　헬프스　유

- **He does not help you**. 그는 너를 돕지 않는다.
　히　더즈　낫　헬프　유

- **He will not**(won't) **help you**.
　히　윌　낫　(워운트)　헬프　유
그는 너를 돕지 않을 것이다.

She goes to work. 그녀는 일하러 간다.
　쉬　고즈　투　월크

- **She doesn't go to work**.
　쉬　더즌트　고　투　월크
그녀는 일하러 가지 않는다.

- **She won't go to work**.
　쉬　워운트　고　투　월크
그녀는 일하러 가지 않을 것이다.

노트

168

정리 일반 → 미래: 동사 앞에 will 추가하기

You help me. 너는 나를 돕는다.
유　　헬프　　미

- You will help me. 너는 나를 도울 것이다.
유　　윌　　헬프　　미

의문문/부정문 → 미래: do를 will로 바꾸기

Do you help me? 너는 나를 돕니?
두　　유　　헬프　　미

- Will you help me? 너는 나를 도와줄 거니?
윌　　유　　헬프　　미

You do not help me. 너는 나를 돕지 않아.
유　　두　　낫　　헬프　　미

- You will not help me. 너는 나를 돕지 않을 거야.
유　　윌　　낫　　헬프　　미

노트

소리를 내면서 아래 문장을 읽어 보세요.

You give Kim an apple.
유 기브 킴 언 애플

너는 Kim에게 사과를 준다.

You gave Kim an apple.
유 게이브 킴 언 애플

너는 Kim에게 사과를 줬다.

You will give Kim an apple.
유 윌 기브 킴 언 애플

너는 Kim에게 사과를 줄 것이다.

Do you give Kim an apple?
두 유 기브 킴 언 애플

너는 Kim에게 사과를 주니?

Did you give Kim an apple?
디 쥬 기브 킴 언 애플

너는 Kim에게 사과를 줬니?

Will you give Kim an apple?
윌 유 기브 킴 언 애플

너는 Kim에게 사과를 줄 거니?

You don't give Kim an apple.
유 돈 기브 킴 언 애플

너는 Kim에게 사과를 주지 않는다.

You didn't give Kim an apple.
유 디든 기브 킴 언 애플

너는 Kim에게 사과를 주지 않았다.

You will not(won't) give Kim an apple.
유 윌 낫 (워운트) 기브 킴 언 애플

너는 Kim에게 사과를 주지 않을 것이다.

참고 # I will go. 나는 갈 것이다.
아이 윌 고

I am going to go. (= I am gonna go.) 나는 갈 것이다.
아이 엠 고잉 투 고 (아이엠 고나 고)

*be going to도 '~할 것이다'라는 의미가 있지만, will과는 느낌이 조금 다릅니다. will은 지금 떠오른 생각을 얘기할 때 쓰고, be going to는 이미 계획(예정)된 것을 말할 때 쓰입니다. I will go는 '(나 지금 결심했는데) 내일 갈래' 정도이고 I am going to go 는 '(미리 계획되어 있었으니) 내일 갈 예정이야' 정도가 되겠네요.

꼭 알아야 하는 영어 단어

the Chuseok Holiday 더 추석 할러데이	추석 연휴

· **Korean Thanksgiving Day** [코리안 쌩스기빙 데이]
  한국식 추수 감사절
· **holiday** [할러데이] 공휴일, 휴가

lunar / solar
루너(널) / 솔러

달의 / 태양의

· **lunar calendar** [루널 캘린더] 음력
· **solar calendar** [솔러 캘린더] 양력
· **the 15th day of August of the lunar calendar**
  [더 피프틴쓰 데이 오브 오거스트 오브 더 루널 캘린더]
  음력의 8월 15번째 날(추석)

노트

visit
비짓

방문하다

- visit my parents [비짓 마이 페어런츠] 나의 부모님을 방문하다
- grandparents [그랜드페어런츠] 조부모님
- parents-in-law [페어런츠 인 러] 시댁/처가댁 부모님
  - father-in-law [파더 인 러] 시아버님/장인어른
  - mother-in-law [마더 인 러] 시어머님/장모님

together
투게더

함께 / 같이

- get together [겟 투게더] 함께 모이다
- eat together [잇 투게더] 함께 식사하다
- drink together [드링크 투게더] 함께 마시다
- stay together [스테이 투게더] 함께 지내다
- watch TV together [와치 티뷔 투게더] 함께 TV를 보다

rice cake
라이쓰 케이크

떡

- rice [라이쓰] 쌀
- rice noodles [라이쓰 누들스] 쌀국수

Korean pancake
코리안 팬케잌

전 / 부침개

go-stop 고-스탑	고스톱

· play go-stop [플레이 고-스탑] 고스톱을 치다
· Korean wrestling [코리안 뤠슬링] 씨름(한국식 레슬링)
· Korean circle dance [코리안 썰클 댄스] 강강술래(한국식 원 댄스)
· kite flying [카이트 플라잉] 연날리기

🗨️ 노트

시제 총정리 (현재/과거/미래)

그동안 배운 현재/과거/미래 각 시제에 대해 일반문장/의문문/부정문을 복습해 보도록 할게요. 우선 복습할 수 있도록 아래와 같이 정리해 드려요!

현재: 주어 + 동사 ~.
I go to work. 나는 일하러 간다. 아이 고 투 월크
과거: 주어 + 동사 과거 ~.
I went to work. 나는 일하러 갔다. 아이 웬 투 월크
미래: 주어 + will + 동사 ~.
I will go to work. 나는 일하러 갈 거야. 아이 윌 고 투 월크
현재 질문: Do + 주어 + 동사 ~?
Do I go to work? 내가 일하러 가나요? 두 아이 고 투 월크

과거 질문: Did + 주어 + 동사 ~?
Did I go to work? 내가 일하러 갔었나요? 디드 아이 고 투 월크

미래 질문: Will + 주어 + 동사 ~?
Will I go to work? 내가 일하러 가야 하나요? 윌 아이 고 투 월크

현재 부정: 주어 + do not(don't) + 동사 ~.
I don't go to work. 나는 일하러 가지 않아요. 아이 돈 고 투 월크

과거 부정: 주어 + did not(didn't) + 동사 ~.
I didn't go to work. 나는 일하러 가지 않았어요. 아이 디든 고 투 월크

미래 부정: 주어 + will not + 동사 ~.
I will not go to work. 나는 일하러 가지 않을 거예요. 아이 윌 낫 고 투 월크

 노트

소리를 내면서 아래 문장을 읽어 보세요.

You give Kim an apple.
유　기브　킴　언　애플

너는 Kim에게 사과를 준다.

You gave Kim an apple.
유　게이브　킴　언　애플

너는 Kim에게 사과를 줬다.

You will give Kim an apple.
유　윌　기브　킴　언　애플

너는 Kim에게 사과를 줄 것이다.

Do you give Kim an apple?
두　유　기브　킴　언　애플

너는 Kim에게 사과를 주니?

Did you give Kim an apple?
디　쥬　기브　킴　언　애플

너는 Kim에게 사과를 줬니?

Will you give Kim an apple?
윌　유　기브　킴　언　애플

너는 Kim에게 사과를 줄 거니?

You don't give Kim an apple.
유 돈 기브 킴 언 애플
너는 Kim에게 사과를 주지 않는다.

You didn't give Kim an apple.
유 디든 기브 킴 언 애플
너는 Kim에게 사과를 주지 않았다.

You will not give Kim an apple.
유 윌 낫 기브 킴 언 애플
너는 Kim에게 사과를 주지 않을 것이다.

They get a letter. 그들은 편지를 받는다.
데이 겟 어 레러

They got a letter. 그들은 편지를 받았다.
데이 갓 어 레러

They will get a letter. 그들은 편지를 받을 것이다.
데이 윌 겟 어 레러

Do they get a letter? 그들은 편지를 받니?
두 데이 겟 어 레러

Did they get a letter? 그들은 편지를 받았니?
디드 데이 겟 어 레러

Will they get a letter? 그들은 편지를 받을 거니?
윌 데이 겟 어 레러

They don't get a letter.
데이 돈 겟 어 레러
그들은 편지를 받지 않는다.

They didn't get a letter.
데이 디든 겟 어 레러
그들은 편지를 받지 않았다.

They will not get a letter.
데이 윌 낫 겟 어 레러
그들은 편지를 받지 않을 것이다.

He goes to work. 그는 일하러 간다.
히 고즈 투 월크

He went to work. 그는 일하러 갔다.
히 웬 투 월크

He will go to work. 그는 일하러 갈 것이다.
히 윌 고 투 월크

Does he go to work? 그는 일하러 가니?
더즈 히 고 투 월크

Did he go to work? 그는 일하러 갔니?
디드 히 고 투 월크

Will he go to work? 그는 일하러 갈 거니?
윌 히 고 투 월크

He doesn't go to work. 그는 일하러 가지 않는다.
히 더즌트 고 투 월크

He didn't go to work. 그는 일하러 가지 않았다.
히 디든 고 투 월크

He will not go to work.
히 윌 낫 고 투 월크
그는 일하러 가지 않을 것이다.

He gives Kim an apple.
히 기브스 킴 언 애플
그는 Kim에게 사과를 준다.

He gave Kim an apple.
히 게이브 킴 언 애플
그는 Kim에게 사과를 줬다.

He will give Kim an apple.
히 윌 기브 킴 언 애플
그는 Kim에게 사과를 줄 것이다.

Does he give Kim an apple?
더즈 히 기브 킴 언 애플
그는 Kim에게 사과를 주니?

Did he give Kim an apple?
디드 히 기브 킴 언 애플
그는 Kim에게 사과를 줬니?

Will he give Kim an apple?
윌 히 기브 킴 언 애플
그는 Kim에게 사과를 줄 거니?

He doesn't give Kim an apple.
히 더즌트 기브 킴 언 애플
그는 Kim에게 사과를 주지 않는다.

He didn't give Kim an apple.
히 디든 기브 킴 언 애플
그는 Kim에게 사과를 주지 않았다.

He will not give Kim an apple.
히 윌 낫 기브 킴 언 애플
그는 Kim에게 사과를 주지 않을 것이다.

1. **You take a bus**.
   너는 버스를 타.

2. **You** _____ **a bus**.
   너는 버스를 탔었어.

3. **You** _____ **a bus**.
   너는 버스를 탈 것이야.

4. _____ **you** _____ **a bus?**
   너 버스 타니?

5. _____ **you** _____ **a bus?**
   너 버스 탔었니?

6. _____ **you** _____ **a bus?**
   너 버스 탈 거니?

7. **You** _____ **a bus**.
   너는 버스를 안 타.

8. **You** _____ **a bus**.
   너는 버스를 타지 않았어.

9. **You** _____ **a bus**.
   너는 버스를 타지 않을 것이야.

1. **He** _____ **a bus.**
   그는 버스를 타.

2. **He took a bus.**
   그는 버스를 탔었어.

3. **He** _____ _____ **a bus.**
   그는 버스를 탈 것이야.

4. _____ **he** _____ **a bus?**
   그는 버스 타니?

5. _____ **he** _____ **a bus?**
   그는 버스 탔었니?

6. _____ **he** _____ **a bus?**
   그는 버스 탈 거니?

7. **He** _____ _____ **a bus.**
   그는 버스는 안 타.

8. **He** _____ _____ **a bus.**
   그는 버스를 타지 않았어.

9. **He** _____ _____ **a bus.**
   그는 버스를 타지 않을 것이야.

정답1: 1. You take a bus. [유 테익 어 버스]

2. You took a bus. [유 툭 어 버스]

3. You will take a bus. [유 윌 테익 어 버스]

4. Do you take a bus? [두 유 테익 어 버스]

5. Did you take a bus? [디쥬 테익 어 버스]

6. Will you take a bus? [윌 유 테익 어 버스]

7. You don't take a bus. [유 돈 테익 어 버스]

8. You didn't take a bus. [유 디든 테익 어 버스]

9. You will not take a bus. [유 윌 낫 테익 어 버스]

정답2: 1. He takes a bus. [히 테익스 어 버스]

2. He took a bus. [히 툭 어 버스]

3. He will take a bus. [히 윌 테익 어 버스]

4. Does he take a bus? [더즈 히 테익 어 버스]

5. Did he take a bus? [디드 히 테익 어 버스]

6. Will he take a bus? [윌 히 테익 어 버스]

7. He doesn't take a bus. [히 더즌(트) 테익 어 버스]

8. He didn't take a bus. [히 디든 테익 어 버스]

9. He will not take a bus. [히 윌 낫 테익 어 버스]

영어 공부하고 싶게 만드는 수업

fitness
핏(트)니스　　　　　　신체단련 / 건강

- 흔히 쓰는 헬스장, 헬스클럽(health club)은 잘못된 표현입니다. fitness club이나 gym이 맞는 표현입니다.
- fitness [핏니스] = gym [짐] 체육관
- PT: Personal Training [피티: 펄스널 트뤠이닝] 개인 훈련
- GX: Group Exercise [쥐엑스: 그룹 엑설사이즈] 단체 운동

sign
사인　　　　　　신호 / 서명하다

- autograph [오토그래프] 유명인의 사인
- signature [시그니쳐] 서명
- traffic sign [트래픽 사인] 교통 표시
  stop sign, one way [스탑 사인, 원 웨이] 멈춤 표시, 일방통행
- 7 warning signs of cancer [세븐 월닝 사인스 오브 캔서]
  암의 7가지 경고 신호들

hurt
헐트

아프다 / 아프게 하다

비교 sick [씩] 몸만, 내부, 오랫동안 아플 때

- I am sick. You hurt me. [아이엠씩.유헐트미]
  나는 아파. 너는 날 아프게 했어.
  - X-ray [엑스뤠이], CT [씨티], MRI [엠알아이]

patient
페이션트

환자 / 참을성 있는

- long-stay patient [롱스테이페이션트] 장기 입원 환자
- Be patient. [비페이션트] 참을성 있게 있어!
  - am/are/is의 원형인 be동사를 앞에 써서 명령형을 만들 수 있습니다.
- Patient men win the day. [페이션트멘윈더데이]
  참을성 있는 사람이 하루를 이긴다.

chair
췌얼

의자 / 의장

- recliner [리클라이너] 다리(목)이 조정 가능한 의자
- stool [스툴] 등받이 없는 의자
- armchair [암췌어] 팔걸이 의자
- chairman [췌얼맨], chairperson [췌얼펄슨] 의장, 회장
- Chair! Chair! [췌얼췌얼] 혼란한 의사당 내에서 조용히 시킬 때

186

Can 하나로 끝내는 영어회화

표현1 **주어 + can + 동사.**

주어는 동사할 수 있다.

'~할 수 있어요'라는 표현인 can을 배워볼게요. 앞서 배웠던 will과 매우 유사합니다. 동사 앞에 can을 넣기만 하면 '~할 수 있어요'라는 표현을 할 수 있습니다.

can: ~할 수 있다
I swim. [아이 스윔] → **I can swim.** [아이 캔 스윔] 나는 수영하다. 　　나는 수영할 수 있다.
I run. [아이 뤈] → **I can run.** [아이 캔 뤈] 나는 뛰다. 　　나는 뛸 수 있다.

 노트

소리를 내면서 아래 문장을 읽어 보세요.

I can go. 나는 갈 수 있어요.
아이 캔 고

You can sing. 당신은 노래할 수 있어요.
유 캔 씽

He can play the piano.
히 캔 플레이 더 피애노
그는 피아노를 칠 수 있어요.

We can speak French.
위 캔 스픽 프뤤치
우리는 프랑스어를 말할 수 있어요.

TIP can이 들어간 문장에서는 주어가 3인칭 단수일 때 동사에 s/es 붙이기를 신경 쓸 필요가 없습니다. will과 마찬가지로 can 뒤에는 (변경되지 않은) 동사의 원래 형태가 옵니다. 여러 가지 주어로 변환하여 연습해 보세요.

I		
He/She It/단수 주어	can	동사 (do, play, help)
You/We They/복수 주어		

주어 + cannot + 동사.

주어는 동사할 수 없다.

'~할 수 있어요'를 부정하는 '~할 수 없어요'라는 표현을 배워볼게요.
will과 마찬가지로 can 뒤에 not만 붙여주면 '~을 할 수 없어요'라는
표현을 할 수 있습니다.

cannot (= can't): ~할 수 없다
I swim. [아이 스윔] → **I cannot swim.** [아이 캔낫 스윔]   나는 수영하다.   나는 수영할 수 없다.   **I run.** [아이 륀] → **I cannot run.** [아이 캔낫 륀]   나는 뛰다.   나는 뛸 수 없다.

I cannot run fast. 나는 빠르게 달릴 수 없어요.
아이   캔낫   륀   패스트

I cannot play tennis. 나는 테니스를 칠 수 없어요.
아이   캔낫   플레이   테니스

I can't sleep well. 나는 잠을 잘 잘 수 없어요.
아이   캔트   슬립   웰

We can't fly. 우리는 날 수 없어요.
위   캔트   플라이

TIP cannot은 can't라고 줄여 쓸 수 있어요.

소리를 내면서 아래 문장을 읽어 보세요.

I play tennis. 나는 테니스를 쳐요.
아이 플레이　　테니스

I can play tennis. 나는 테니스를 칠 수 있어요.
아이　캔　플레이　　테니스

I can't play tennis. 나는 테니스를 칠 수 없어요.
아이　캔트　　플레이　　테니스

I sleep well. 나는 잠을 잘 자요.
아이　슬립　　웰

I can sleep well. 나는 잠을 잘 잘 수 있어요.
아이　캔　슬립　　웰

I can't sleep well. 나는 잠을 잘 잘 수 없어요.
아이　캔트　슬립　　웰

TIP can의 발음과 can't의 발음을 구분하는 것은 매우 중요합니다. 자칫하면 비슷하게 들릴 수 있거든요. (강의 영상 꼭 참고해 주세요.) '~할 수 있다' can을 쓸 때는 can을 약하고 빠르게 읽습니다. 반면에 can't 를 읽을 때는 can't에 강세를 주어 강조해 줍니다. 아주 중요한 포인트 니 놓치지 말고 익히시면 좋겠습니다.

조동사: 동사 앞에서 동사의 특정한 의미를 보태주는 동사로 지금까지 배운 will과 can이 조동사의 예시입니다. 조동사 뒤에는 반드시 동사의 원래 형태가 나옵니다.

I help you. 나는 너를 돕는다.
아이　헬프　유

I will help you. 나는 너를 도울 것이다.
아이　윌　헬프　유

I can help you. 나는 너를 도울 수 있다.
아이　캔　헬프　유

I will not(won't) help you. 나는 너를 돕지 않을 것이다.
아이　윌　낫　(워운트)　헬프　유

I cannot(can't) help you. 나는 너를 도울 수 없다.
아이　캔낫　(캔트)　헬프　유

노트

191

퀴즈 우리말을 영어로 써 보세요.

1. 나는 갈 수 있어요.

   _____

2. 당신은 피아노를 칠 수 있어요.

   _____

3. 그는 잠을 잘 잘 수 없어요. (~well)

   _____

4. 우리는 빠르게 달릴 수 없어요.

   _____

 노트

_____

_____

_____

정답: 1. I can go. [아이 캔 고] 2. You can play the piano. [유 캔 플레이 더 피애노] 3. He can't sleep well. [히 캔트 슬립 웰] 4. We can't run fast. [위 캔트 뤈 패스트]

정말 자주 쓰는 영단어

Americano 아메리카노 | 아메리카노

- America → Americano [아메리카] → [아메리카노]

아메리카노가 있는 나라가 많지 않아요. 유럽, 호주에는 없으니 여행할 때 아메리카노를 주문하면 못 알아들어요.

- Espresso [에스프레소] 에 물을 타 먹는 것이 아메리카노입니다.
  - 어원: express [에스프레스]
- **발음** café [카페이] 카페, latte [라테이] 라떼

balance 밸런스 | 균형 / 잔고

- body balance [바디 밸런스] 신체 균형
- work and life balance [월크 앤 라이프 밸런스]
  워라벨(일과 생활의 균형)
- water-oil balance [워러 오일 밸런스] 유수분 균형
- (bank) balance [뱅크 밸런스] (은행) 잔고

typhoon
타이푼

태풍

비교 hurricane [허뤼케인] 허리케인(북남미에서 발생하는 열대저기압)
cyclone [싸이클론] 사이클론(호주, 인도양에서 발생하는 열대저기압)
tornado [톨네이도] 저기압 주위에서 부는 가장 강한 바람, 회오리 처럼 올라가는 모습

· typhoon warning [타이푼 월닝] 태풍 경고, 주의보

standard
스탠달드

표준 / 수준 / 기준

· **어원:** stand [스탠드] 서다, 기준이 되는 사람이 서 있는 모습에서 유래
· desk lamp [데스크 램프] 우리가 흔히 말하는 '스탠드 램프'는 잘못 된 표현으로 desk lamp가 맞습니다.
· standard room [스탠달드 룸] 호텔의 표준(일반)실
· high/low standard of living [하이/로우 스탠달드 오브 리빙]
  높은/낮은 삶의 수준

rush hour
러쉬 아워

출퇴근 혼잡 시간대

· rush [러쉬] 혼잡, 급히 움직이다 + hour [아워] 시간
  · happy hour [해피 아워] 저렴하게 파는 시간
  · 24 hours [투웨니포 아월스] 24시간 영업
· traffic jam [트래픽 잼] 교통 체증

'~해도 될까요? ~할 수 있나요?'
can으로 의문문 만들기

표현 **Can** + 주어 + **동사**?

주어는 동사할 수 있나요?

'~할 수 있나요?'라고 can을 활용하여 질문하는 방법을 배워볼게요. 앞서 'Do you ~? Will you ~?'와 마찬가지로 can을 문장 맨 앞에 놓고 그 뒤에 문장을 원래대로 쓰면 됩니다.

I can eat this. 제가 이것을 먹을 수 있어요.
아이 캔 잍 디스

- **Can I eat this**? 제가 이것을 먹을 수 있나요?
캔 아이 잍 디스

I can help you. 제가 당신을 도울 수 있어요.
아이 캔 헬프 유

- **Can I help you**?
캔 아이 헬프 유
제가 당신을 도울 수 있나요? (도와 드릴까요?)

195

소리를 내면서 아래 문장을 읽어 보세요.

Can I sleep? 제가 잘 수 있을까요?
캔 아이 슬립

Can I go? 제가 갈 수 있을까요?
캔 아이 고

Can I use the bathroom?
캔 아이 유즈 더 배쓰룸

제가 화장실을 쓸 수 있을까요?

Can I get a blanket? 제가 담요를 얻을 수 있을까요?
캔 아이 겟 어 블랭킷

Can you speak English?
캔 유 스픽 잉글리쉬

당신은 영어를 말할 수 있나요?

Can you play the piano?
캔 유 플레이 더 피애노

당신은 피아노를 칠 수 있나요?

Can you help me? 당신은 저를 도와줄 수 있나요?
캔 유 헬프 미

Can you take a picture?
캔 유 테익 어 픽쳐

당신은 사진을 찍어줄 수 있나요?

정리 'Can + 주어 + 동사?'을 표로 정리해 볼게요.

Can	I	동사 (do, play, help)
	she he it 단수 주어	
	we you they 복수 주어	

연습 Do와 Can으로 질문하는 문장을 따라 읽고 비교해 보세요.

Do you love me? 당신은 나를 사랑하나요?
두 유 럽 미

Can you love me? 당신은 나를 사랑할 수 있나요?
캔 유 럽 미

Do you have a car? 너 차 있니?
두 유 해브 어 카알

Can you have a car? 너 차 가질 수 있어? (능력)
캔 유 해브 어 카알

Do you swim? 너 수영하니?
두 유 스윔

Can you swim? 너 수영할 줄 아니?
캔 유 스윔

You help Kim. 너는 Kim을 돕는다.
유 헬프 킴

Do you help Kim? 너는 Kim을 돕니?
두 유 헬프 킴

Can you help Kim? 너는 Kim을 도와줄 수 있니?
캔 유 헬프 킴

You take a history class.
유 테익 어 히스토리 클래스
너는 역사 수업을 듣는다.

Do you take a history class?
두 유 테익 어 히스토리 클래스
너는 역사 수업을 듣니?

Can you take a history class?
캔 유 테익 어 히스토리 클래스
너는 역사 수업을 들을 수 있니?

우리말을 영어로 써 보세요.

1. 제가 담요를 얻을 수 있을까요?

_____ **a blanket?**

2. 당신은 사진을 찍어 줄 수 있나요?

_____ **a picture?**

3. 당신은 나를 사랑해 줄 수 있나요?

_____ **me?**

4. 당신은 나를 사랑하나요?

_____ **me?**

노트
_____

_____

_____

정답: 1. Can I get a blanket? [캔 아이 겟 어 블랭킷]

2. Can you take a picture? [캔 유 테일 어 픽쳐]

3. Can you love me? [캔 유 럽 미]

4. Do you love me? [두 유 럽 미]

간판에 참 많은 뜻이 있어요!

Outback Steak house
아웃백 스테이크 하우스

아웃백 스테이크 하우스

- Outback [아웃백] (호주의) 오지
- steak [스테이크] 스테이크
- pork, chicken steak [폴크, 치킨 스테이크] 돼지, 치킨 스테이크
- (beef) steak house [비프 스테이크 하우스]
  (소고기를 판매하는) 스테이크 하우스

TGI Fridays
티쥐아이 프라이데이스

TGI 프라이데이

- Thank God It's Friday [땡스 갓 잇츠 프라이데이]
  신이시여, 감사합니다. 금요일이네요!
- 스테이크 굽기(5단계):

rare → medium rare → medium → medium welldone → welldone

레어　　미디엄 레어　　미디엄　　미디엄 웰던　　웰던

우측으로 갈수록 바싹 구워진 상태이며, 보통 한국인에게는 medium welldone이 잘 맞고, 조금 더 부드러운 것을 원하면 medium 주문이 알맞습니다.

200

Naver 네이버	**네이버**

- navigate [네비게이트] 항해하다
- gamer [게이머] 게임 선수(~er: ~하는 사람)
- navigation [네비게이션] 운항, 조종 시스템
- 비교 neighbor [네이벌] 이웃

Daum 다음	**다음**

- Google 구글
- YouTube 유튜브
- Microsoft 마이크로소프트
- Amazon 아마존

Art Box 알트 박스	**아트 박스**

- Office depot [오피스 디포] 사무실 창고
- Alpha [알파] 알파 문고

한국인들이 대화 중 정말 많이 쓰는 영어 단어

jinx 징크스	**징크스 / 불길한 징후**

- '밥을 안먹으면 배고프다'는 생리현상이지 징크스가 아닙니다. 징크스는 특히 **sports**에서 많이 언급합니다. 특정 색의 옷을 입으면 잘 풀린다는 것들이죠.
- **routine** [루틴] '지속적으로 반복하는 행동'을 뜻하며 징크스 대신 미국에서는 **routine**을 더 많이 씁니다. 자기 최면의 일종이죠.

half 해프	**절반**

- **full moon** [풀 문] 보름달 vs. **half moon** [해프 문] 반달
- **half an hour** [해프 언 아워] 절반의 한 시간(30분)
- **first half** [펄스트 해프] 전반전 / **second half** [세컨 해프] 후반전 / **halftime** [해프타임] 쉬는 시간
- quarter [쿼럴] 1/4

west
웨스트

서쪽 / 서양

- east [이스트] 동쪽, south [사우스] 남쪽, north [놀스] 북쪽
  - Northeast Asia [놀스이스트 애시아] 동북아시아
- the West [더 웨스트] 서양, 서방
- the west coast [더 웨스트 코스트] 서해안
- Western Europe [웨스턴 유럽] 서유럽

link
링크

관계 / 연결하다

- Click (on) the link. [클릭 (온) 더 링크]
  링크(특정 사이트로 연결되는 주소)를 클릭하세요.
- hyperlink [하이퍼링크]의 줄임말
- LinkedIn [링크드인] 구인구직과 비즈니스 파트너를 찾기 위한 세
  계 최대 비즈니스 네트워크 사이트

mind
마인드

마음 / 정신 / 개의하다(꺼리다)

- mind control [마인드 컨트롤] 마인드 컨트롤, 마음(정신)을 통제하다
- mind map [마인드 맵] 마인드맵(생각을 정리하는 기법 중 하나)
- Never mind. [네벌 마인드] 마음에 두지 마(걱정하지 마).

반드시 ~해야 한다. Must 익히기

주어 + must + 동사.

주어는 (틀림없이, 반드시) 동사해야 한다.

'~해야 한다'라는 표현인 must를 배워볼게요. 앞서 배웠던 can과 매우 유사합니다. 동사 앞에 must를 넣기만 하면 됩니다.

I must go. 나는 가야만 합니다.
아이 　머스트　　고

You must be hungry. 너는 분명히 배가 고픈 게 틀림없어.
유　　머스트　비　　헝그뤼

주어 + must go [머스트 고] + OOO: (반드시) OOO에 가야 한다.

주어 + must wear [머스트 웨얼] + OOO: (반드시) OOO을 착용해야 한다.

주어 + must pay [머스트 페이] + OOO: (반드시) OOO을 지불해야 한다.

정리 동사 앞에 must만 넣어주면 '~해야 한다' 표현 끝!

I must go. 나는 가야만 합니다.
아이　머스트　고

You must run fast. 당신은 빠르게 뛰어야만 합니다.
유　　머스트　뤈　패스트

He must go to school. 그는 학교에 가야만 합니다.
히　머스트　고　투　　스쿨

We must study English.
위　　머스트　　스터디　　잉글리쉬
우리는 영어를 공부해야만 합니다.

TIP must가 들어간 문장에서는 주어의 be동사 짝꿍이나 3인칭 단수의 s/es 붙이기 등을 신경 쓸 필요가 없습니다. will/can과 마찬가지로 must 뒤에는 동사의 원래 형태가 옵니다.

노트

주어 + must not + 동사.
주어는 동사하면 (절대) 안 된다.

must 뒤에 not을 쓰게 되면 '(절대/반드시) ~면 안 된다'가 됩니다. '학생이 술을 마시면 안 된다', '무단횡단을 하면 안 된다'와 같이 절대 하면 안 될 경우에 must not을 써주시면 됩니다. 간단히 앞서 배운 것들과 비교해 볼게요.

You do not drink. 당신은 (술을) 마시지 않는다.
　유　　두　　낫　　드링크

You will not drink. 당신은 (술을) 마시지 않을 것이다.
　유　　윌　　낫　　드링크

You cannot drink. 당신은 (술을) 마실 수 없다.
　유　　　캔낫　　　　드링크

You must not drink. 당신은 절대 (술을) 마시면 안 된다.
　유　　머스트　　낫　　드링크

정리 동사 앞에 must not만 넣어주면 '(반드시) ~하면 안 된다' 표현 끝!

소리를 내면서 아래 문장을 읽어 보세요.

(must not의 의미를 명확히 알 수 있도록 문장 앞쪽만 영어로 연습해 보겠습니다.)

You must not drink 운전할 때.
유　　머스트　　낫　　드링크　　~

당신은 운전할 때 (술을) 마시면 안 된다.

You must not tell 거짓말.
유　　머스트　　낫　　텔　~

당신은 거짓을 말하면 안 된다.

You must not drive 음주했을 때.
유　　머스트　　낫　　드라이브　~

음주했을 때는 운전하면 안 된다.

You must not be late 학교.
유　　머스트　　낫　　비　레이트 ~

당신은 학교에 늦으면 안 된다.

He must not go 위험한 곳.
히　　머스트　　낫　　고　~

그는 위험한 곳에 가면 안 된다.

She must not sleep 수업 시간.
쉬　　머스트　　낫　　슬립　~

그녀는 수업 시간에 잠을 자면 안 된다.

We must not smoke 비행기.
위　　머스트　　낫　　스모크　~

우리는 비행기에서 담배를 피우면 안 된다.

You must not run 횡단보도.

유   머스트   낫   뤈 ~

당신은 횡단보도에서 달리면 안 된다.

퀴즈 우리말을 영어로 써 보세요.

1. 나는 가야만 합니다.

_____

2. 우리는 영어를 공부해야만 합니다.

_____

3. 당신은 (술을) 마시면 안 됩니다.

_____

4. 당신은 거짓말을 하면 안 됩니다.

_____ **a lie**.

정답: 1. I must go. [아이 머스트 고]

2. We must study English. [위 머스트 스터디 잉글리쉬]

3. You must not drink. [유 머스트 낫 드륑크]

4. You must not tell a lie. [유 머스트 낫 텔 어 라이]

정말 자주 쓰는 영단어

shock 샥	**충격 / 쇼크 / 충격을 주다**

비교 surprise [서프라이즈] 놀라움

- earning surprise [얼닝 서프라이즈] 기업의 실적이 예상보다 높아 주가가 상승하는 것

- earning shock [얼닝 샥] 어닝 서프라이즈의 반대 상황

· culture shock [컬쳐 샥] 문화 충격

· shocking [샤킹] 쇼킹, 놀람

detox
디톡스

해독

· de [디] 분리, 제거 + tox: toxin [톡스 : 톡신] 독소

destress [디스트레스] 스트레스 제거, decode [디코드] 암호 해독

· detox juice [디톡스 주스] 해독 주스

· detox diet [디톡스 다이어트] 해독 식이요법

galaxy
갤럭시

은하계

- 은하는 우주를 구성하고 있는 단위의 하나로 수천억 개 이상의 별, 성운으로 이루어진 집단입니다. 은하계는 이 중에 태양계가 포함된 '우리 은하'를 말합니다.
  - the solar system [더 솔러 시스템] 태양열 시스템
- Galaxy Note/Fold [갤럭시 노트/폴드] 삼성 스마트폰 제품명

guard
갈드

경비 / 경호원 / 지키다

- bodyguard [바디갈드] 경호원   • lifeguard [라이프갈드] 구조요원
  - I will always love you. [아이 윌 올웨이즈 러브(럽) 유] 나는 당신을 늘 사랑해요. (영화 '보디가드' 주제곡)
- guardian [갈디언] 수호자, 후견인, (+ ian) ~ 사람
  - Christian [크리스챤] 기독교인, musician [뮤지션] 음악가, Canadian [커네이디언] 캐나다인
- *Guardians of the Galaxy* [갈디언스 오브 더 갤럭시] 영화 제목으로 '은하계를 지키는 수호자'라는 뜻

ability
어빌러티

할수있음 / 능력 / 재능

- musical ability [뮤지컬 어빌러티] 음악적 재능
- athletic ability [애쓸레릭 어빌러티] 운동 재능(운동 신경)
- native ability [네이티브 어빌러티] 타고난 재능(천부적 재능)

자주 쓰이는 'must' 바로 알기

> **표현1** **주어 + must + 동사.**
>
> 주어는 (틀림없이, 반드시) 동사할 것이다.

must에는 뜻이 크게 두 가지가 있습니다. 이전 장에서 배운 '(반드시) ~해야 한다'라는 뜻과 '(틀림없이) ~일 것이다'라는 뜻이 있습니다. 첫 번째 뜻은 '의무'에 가깝다면 두 번째 뜻은 '강한 추측'입니다. 어떤 것을 사실이라고 강하게 믿는다면 must를 쓸 수 있습니다.

He must know Kim. 그는 (틀림없이) Kim을 알 거야.
히 머스트 노우 킴

He must be happy. 그는 (틀림없이) 행복할 것이다.
히 머스트 비 해피

노트

211

He must love you.
히 머스트 러브 유

그는 당신을 (틀림없이) 사랑할 거야.

You must know Kim.
유 머스트 노우 킴

너는 Kim을 (틀림없이) 알 거야.

You must like this coffee.
유 머스트 라익 디스 커피

당신은 이 커피를 (틀림없이) 좋아할 거야.

They must have a big house.
데이 머스트 해브 어 빅 하우스

그들은 큰집을 (틀림없이) 가지고 있을 거야.

노트

주어 + must be + 정체, 상태.

주어는 (틀림없이, 반드시) 정체, 상태일 것이다.

must be는 '~임에 틀림없다, 분명/정말 ~하겠다'라는 표현으로 강한 짐작과 확신을 나타낼 때 쓸 수 있습니다. must be 뒤에는 '배고프다, 피곤하다, 행복하다' 등의 '상태'를 쓸 수 있어요.

He is happy. 그는 행복하다.
히 이즈 해피

- **He must is happy.** (X)

- **He must be happy.** (O) 그는 틀림없이 행복할 것이다.
히 머스트 비 해피

You are hungry. 당신은 배고프다.
유 아 헝그뤼

- **You must be hungry.** 당신은 (틀림없이) 배고플 거야.
유 머스트 비 헝그뤼

You are tired. 당신은 피곤하다.
유 아 타이얼드

- **You must be tired.** 당신은 (틀림없이) 피곤할 거야.
유 머스트 비 타이얼드

She is sick. 그녀는 아프다.

쉬 이즈 씩

- **She must be sick**. 그녀는 (틀림없이) 아플 거야.

쉬 머스트 비 씩

He must be angry. 그는 (틀림없이) 화가 났을 거야.

히 머스트 비 앵그뤼

They must be Chinese.

데이 머스트 비 차이니즈

그들은 (틀림없이) 중국 사람일 거야.

Kim must be happy. Kim은 (틀림없이) 행복할 거야.

킴 머스트 비 해피

He must be rich. 그는 (틀림없이) 부유할 거야.

히 머스트 비 뤼치

You must be very sad. 너는 매우 슬픈 게 틀림없어.

유 머스트 비 베뤼 새드

 노트

214

주어 + must + not + 동사.

주어는 (틀림없이, 반드시) 동사하지(이지) 않을 것이다.

must 뒤에 not을 쓰게 되면 앞장에서 배운 '(반드시) ~하면 안 된다' 가 되기도 하지만, 문맥에 따라 '(틀림없이) ~하지 않을 것이다'도 됩니다.

 소리를 내면서 아래 문장을 읽어 보세요.

He must not love you.
히 　 머스트 　 낫 　 러브 　 유

그는 (틀림없이) 당신을 사랑하지 않을 것이다.

You must not like this coffee.
유 　 머스트 　 낫 　 라잌 　 디스 　 커피

당신은 (틀림없이) 이 커피를 좋아하지 않을 거야.

He must not have a car.
히 　 머스트 　 낫 　 해브 　 어 　 카알

그는 (틀림없이) 차를 가지고 있지 않을 거야.

You must not be hungry.
유 　 머스트 　 낫 　 비 　 헝그뤼

당신은 (틀림없이) 배고프지 않을 거야.

They must not be American.
데이 　 머스트 　 낫 　 비 　 어메리칸

그들은 (틀림없이) 미국 사람이 아닐 거야.

You must not be happy.

유 머스트 낫 비 해피

당신은 (틀림없이) 행복하지 않을 거야.

퀴즈 우리말을 영어로 써 보세요.

1. 그는 당신을 사랑할 거야.

   _____

2. 그녀는 행복할 거야.

   _____

3. 당신은 배가 고플 거야.

   _____

4. 당신은 이 커피를 좋아하지 않을 거야.

   this coffee.

정답: 1. He must love you. [히 머스트 러브 유]

2. She must be happy. [쉬 머스트 비 해피]

3. You must be hungry. [유 머스트 비 헝그뤼]

4. You must not like this coffee. [유 머스트 낫 라잌 디스 커피]

216

아주 중요한 영단어

privacy 프라이버씨	사생활 / 프라이버시

- **privacy film** [프라이버씨 필름] 프라이버시 필름
  옆에서 보면 모니터나 휴대폰 화면이 보이지 않게 붙이는 필름

- **private** [프라이빗] 사적인, 개인적인
  - **private banking(PB)** [프라이빗 뱅킹]
    은행에서 개인적으로 자산을 관리해 주는 서비스
- 반대 **public** [퍼블릭] 공공의, 공개되는

policy 팔러씨	정책 / 방침

- **polis** [폴리스] 도시에서 파생된 단어들
  - **policy** [팔러씨] 정책, **police** [폴리쓰] 경찰, **politics** [팔러틱스] 정치
- **privacy policy** [프라이버씨 팔러씨] 개인 정보 보호 정책
- **insurance policy** [이슈어런쓰 팔러씨] 보험 증권

person
펄슨

사람 / 개인

비교 people [피플] 사람들(복수)

· 5 people [파이브 피플] = 5 persons [파이브 펄슨스]
· VIP: Very Important Person [뷔아이피: 베리 임폴턴트 펄슨]
  매우 중요한 사람(인사)
· a salesperson [어 세일즈펄슨] 영업자
· personal space/training [펄스널 스페이스/트레이닝] 개인의 공간/훈련

election
일렉션

선거 / 당선

· election day [일렉션 데이] 선거일
· win/lose an election [윈/루즈 언 일렉션] 투표에서 승리/패배하다
· election promise [일렉션 프라미스] 선거 공약
· vote [보트] 투표하다

staff
스탭

직원 / 참모 / 지팡이

· staff only [스탭 온리] 관계자 외 출입 금지
  · cash only [캐쉬 온리] 현금만 가능
· medical staff [메리컬 스탭] 의료 직원
· step [스텝] 걸음을 받쳐주는 staff [스탭] 지팡이

There is/are 활용

 There is + OOO.
~이 있어요.

영어로 '~이 있어요'라고 말하려면 'There is OOO.'으로 표현하면
됩니다. 간단히 몇 가지 문장을 살펴볼게요.

There is a dog. 강아지가 있습니다.
데얼 　이즈어 　독

There are five dogs. 강아지 다섯 마리가 있습니다.
데얼 　얼 파이브 　독스

There was a dog. 강아지가 있었어요.
데얼 　워즈 어 　독

There were five dogs. 강아지 다섯 마리가 있었어요.
데얼 　월 파이브 　독스

There is **a Korean restaurant**.
데얼　이즈 어　코리안　레스토랑

한국 식당이 있어요.

There is **a convenience store**.
데얼　이즈 어　컨비니언스　스토얼

편의점이 있어요.

There is **a good Korean restaurant**
데얼　이즈 어　굿　코리안　레스토랑

around the subway station.
어롸운드　더　서브웨이　스테이션

괜찮은 한국 식당이 그 지하철역 근처에 있어요.

노트

There are + OOO.

~들이 있어요. (여러 개)

앞에서 There is ~ '~이 있다' 표현을 배웠습니다. 그런데 여러 개가 있다고 표현할 때는 어떻게 할까요? 간단합니다. is 대신 are를 쓰면 됩니다. 즉 'There are ~'라고 쓸 수 있어요.

There is a dog. 강아지가 있습니다.
데얼　이즈 어　독

- **There are five dogs**. 강아지 다섯 마리가 있습니다.
데얼　얼　파이브　독스

There is an apple. 사과 하나가 있습니다.
데얼　이즈 언　애플

- **There are apples**. 사과들이 (여러 개) 있습니다.
데얼　얼　애플스

 노트

소리를 내면서 아래 문장을 읽어 보세요.

There are people. 사람들이 있어요.
데얼 얼 피플

There are big trees. 큰 나무들이 있어요.
데얼 얼 빅 트리스

There are many people in this restaurant.
데얼 얼 매니 피플 인 디스 레스토랑
이 식당에 사람들이 많이 있어요.

표현3 **There was/were + OOO.**

~(들)이 있었어요.

자, 우리 이전에 be 동사의 과거형을 배웠으니 과거형을 이용해서 한 발짝 더 나가볼까요? 다음 4개의 문장이 뭐가 다른지 생각해 보세요.

There is a dog.
데얼 이즈 어 독
현재 강아지가 한 마리 있는 것 (단수, 현재)

There was a dog.
데얼 워즈 어 독
과거에 강아지가 한 마리 있었던 것 (단수, 과거)

There are five dogs.

데얼 얼 파이브 독스

현재 강아지가 5마리 있는 것 (복수, 현재)

There were five dogs.

데얼 월 파이브 독스

과거에 강아지가 5마리 있었던 것 (복수, 과거)

즉, 과거에 있었던 것을 나타낼 때 단수이면 was를, 복수이면 were 을 써주시면 됩니다. 간단히 몇 문장 연습해 볼게요.

연습 소리를 내면서 아래 문장을 읽어 보세요.

There was a car. 차가 있었어요.

데얼 워즈 어 카알

There was a train at 3:15.

데얼 워즈 어 트뤠인 앳 쓰리피프틴

3시 15분에 기차가 있었어요.

There were birds. 새들이 있었어요.

데얼 월 벌즈

There were ten eggs. 계란 10개가 있었어요.

데얼 월 텐 에그스

퀴즈 우리말을 영어로 써 보세요.

---

1. 한국 식당이 있어요.

_____ **restaurant**.

2. 편의점이 있어요.

_____ **convenience** _____.

3. 강아지 다섯 마리가 있어요.

_____ **dogs**.

4. 3시 15분에 기차가 있었어요.

_____ **at 3:15**.

정답: 1. <u>There is a Korean</u> restaurant. [데얼 이즈 어 코리안 레스토랑]

2. <u>There is a convenience store</u>. [데얼 이즈 어 컨비니언스 스토얼]

3. <u>There are five dogs</u>. [데얼 얼 파이브 독스]

4. <u>There was a train at 3:15</u>. [데얼 워즈 어 트뤠인 앳 쓰리 피프틴]

아주 중요한 영단어

action 액션	행동 / 동작 / 작전

- an action film [언 액션 필름] 액션 영화
- action cam [액션 캠] 액션캠
  스포츠 활동을 촬영할 수 있는 캠코더
- action plan [액션 플랜] 실행 계획
- military action [밀리터리 액션] 군사 작전
- Hollywood action [헐리웃 액션] 할리우드 액션
  과장된 행동이나 몸짓

ranking 랭킹	순위 / 서열

- FIFA ranking [피파 랭킹] 피파 순위
- world university rankings [월드 유니벌시티 랭킹스] 세계 대학 순위
- rank [랭킹] 평가하다, 등급, 계급
- YouTube ranking [유튜브 랭킹] 유튜브 (인기) 순위

box office
박스 아피스

매표소 / 흥행 순위

- box 안에서 표를 파는 office, 의미 확장: 영화의 흥행 성적, 수익액
- box office ranking [박스 아피스 랭킹] 박스 오피스 순위 (바람과 함께 사라지다, 타이타닉 등)

back
빽

등 / 척추(허리) / 뒤쪽

- back pain [빽 페인] 요통(허리 통증)
- backpack [빽팩] 뒤로 매는 가방
- back to back [빽 투 빽] 스포츠에서 연속 두 번 이기거나 지는 플레이
- background [빽그라운드] 배경
- *Back to the Future* [빽 투 더 퓨철] 영화 제목으로 '미래로 다시 돌아가다'라는 뜻

experience
익스피리언쓰

경험 / 체험

- good/exciting experience [굿/익사이링 익스피리언쓰] 좋은/신나는 경험
- learn by experience [런 바이 익스피리언쓰] 경험을 통해 배우다
- job experience [잡 익스피리언쓰] 직무 경험
- customer experience [커스터멀 익스피리언쓰] 고객 경험

226

There is/are 활용

> **표현** **There** + **is/are** + OOO.
> OOO이 있어요.

① **의문문: There is → Is there ~?**

There is an elevator. 엘리베이터가 있어요.
　　데얼　　이즈 언　　엘리베이러

- **Is there an elevator**? 엘리베이터가 있나요?
　이즈　데얼　언　　엘리베이러

Is there a Korean restaurant (around here)?
이즈　데얼　어　　코리안　　레스토랑　　(어롸운드　히얼)
(근처에) 한국 식당이 있나요?

Is there a menu in Korean?
이즈　데얼　어　메뉴　인　코리안
한국어 메뉴판이 있나요?

Is there a convenience store (around here)?
이즈　데얼　어　컨비니언스　스토얼　(어롸운드　히얼)
(근처에) 편의점이 있나요?

② **여러 개 의문문: There are → Are there ~?**

Are there **two windows** (in your office)?
얼　　데얼　　투　　　윈도우스　　　（인 유얼 오피스）
(당신의 사무실에) 창문이 두 개 있나요?

Are there **many people** (in this restaurant)?
얼　　데얼　　매니　　　피플　　　（인 디스　　레스토랑）
(이 식당에) 사람들이 많이 있나요?

③ **과거 의문문: There was/were → Was/Were there ~?**

There was **a car**. 차가 있었습니다.
데얼　　워즈　어　카알

- Was there **a car**? 차가 있었나요?
워즈　　데얼　　어　카알

There was **a train at 3:15**.
데얼　　워즈　어　트뤠인　　앳 쓰리피프틴
3시 15분에 기차가 있었어요.

- Was there **a train at 3:15**?
워즈　　데얼　　어　트뤠인　　앳 쓰리피프틴
3시 15분에 기차가 있었나요?

There were ten eggs. 계란이 10개 있었습니다.
데얼   월   텐   에그즈

- **Were there ten eggs**? 계란이 10개 있었나요?
월   데얼   텐   에그즈

④ 부정문: There is/are no

There is no elevator (in this hotel).
데얼 이즈 노   엘리베이러   (인 디스 호텔)
(이 호텔에는) 엘리베이터가 없어요.

There is no Korean restaurant (around here).
데얼 이즈 노   코리안   레스토랑   (어롸운드 히얼)
(근처에) 한국 식당이 없어요.

There are no elevators. 엘리베이터들이 없어요.
데얼   얼   노   엘리베이러스

There are no Korean restaurants.
데얼   얼   노   코리안   레스토랑스
한국 식당들이 없어요.

노트

퀴즈 우리말을 영어로 써 보세요.

> 1. 엘리베이터가 있나요?
>
> _____
>
> 2. 한국어 메뉴판이 있나요?
>
> _____ **in Korean?**
>
> 3. 사람들이 많나요?
>
> _____ **many people?**
>
> 4. 엘리베이터가 없어요.
>
> _____

 _____

_____

_____

정답: 1. Is there an elevator? [이즈 데얼 언 엘리베이러]

  2. Is there a menu in Korean? [이즈 데얼 어 메뉴 인 코리안]

  3. Are there many people? [얼 데얼 매니 피플]

  4. There is no elevator. [데얼 이즈 노 엘리베이러]

아주 중요한 영단어

type
타입

유형 / 타자를 치다

- blood type [블러드 타입] 혈액형
- USB A/B/C type [유에스비 에이/비/씨 타입] A/B/C 형태의 USB
- He is not my type. [히 이즈 낫 마이 타입] 그는 내 타입이 아니야.
- What is your blood type? [왓 이즈 유얼 블러드 타입]
  당신의 혈액형은 무엇인가요?

natural
내추럴

자연의 / 자연스러운 / 타고난

- 오늘 스타일이 내추럴한데? (오늘 스타일이 자연스럽네, 꾸미지 않은 것 같은데?)
- nature [네이쳐] 자연, 본성, 본질
- natural resource [내추럴 리솔스] 천연 자원
- natural selection [내추럴 셀렉션] 자연 선택
  동종 생물 개체에서 경쟁을 통해 환경에 적응한 개체만 자손을 남기는 일
- He is a natural leader. [히 이즈 어 내추럴 리러] 그는 타고난 리더야.

word
워드

단어 / 말 / 약속

- English words [잉글리쉬 워즈] 영어 단어들
- words of love [워즈 오브 러브(럽)] 사랑의 단어들
- in other words [인 아더 워즈] 다시 말해서
- I give you my word. [아이 기브 유 마이 워드]
  나는 당신에게 약속할게요.

reason
뤼즌

이유 / 사유 / 근거

- personal reasons [펄스널 뤼즌스] 개인적인 이유들
- reasonable [뤼즈너블] 타당한, 합당한
- reason [뤼즌] 이유 → result [뤼절트] 결과
- That is the reason. [댓 이즈 더 뤼즌] 그것이 바로 이유야.

unicorn
유니콘

유니콘

- Hyundai Unicorns [현대 유니콘스] 프로야구팀 이름
- Unicorn Company [유니콘 컴퍼니] 유니콘 기업
  기업 가치가 10억 달러(1조) 이상인 스타트업 기업을 전설의 동물인 유니콘
  에 비유한 표현으로 우버, 에어비앤비 등이 있습니다.

be able to를 반드시 알아야 하는 이유 (1강)

 주어 + be able to + 동사.

주어는 동사할 수 있다.

'~할 수 있다'라는 표현이 can이라는 것은 모두가 알고 있습니다. Can 말고 '~할 수 있다'의 다른 표현이 있는데요. 바로 be able to입니다. be able to와 can이 같은 뜻이지만 be able to를 반드시 익혀야 하는 이유가 있습니다. 바로 can은 미래형이 없기 때문입니다. 따라서 can으로는 '~할 수 없을 것이다'라는 표현을 할 수 없어요. 다음 장에서 더 자세히 알아볼게요.

I can swim. 나는 수영할 수 있습니다.
　아이　캔　　　　스윔

= I am able to swim. 나는 수영할 수 있습니다.
　아이　엠　　에이블　투　　스윔

표현2 주어 + will be able to + 동사.
주어는 동사할 수 있을 것이다.

'can'과 'be able to'의 뜻은 같은데 왜 두 가지 표현을 다 알아야 할까요? 그 비밀은 바로 '시제'에 있습니다. 지금 할 수 있는 것 이외에도 미래에 '~할 수 있을 것이다'라고 할 때 바로 be able to를 사용합니다. 이때는 be able to 앞에 will만 넣어주면 됩니다.

I help you. (기본 문장) 나는 너를 도와.
아이 헬프   유

- **I will help you.** (미래) 나는 너를 도와줄 거야.
아이 윌   헬프   유

- **I will be able to help you.** 나는 너를 도울 수 있어.
아이 윌 비 에이블 투   헬프   유

TIP I will can help you.는 will과 can이 함께 쓰였는데 틀린 문장입니다. 영어에서는 두 개의 조동사를 동시에 쓸 수 없습니다. 이래서 필요한 게 바로 be able to이죠.

소리를 내면서 아래 문장을 읽어 보세요.

I can go. = I am able to go.

아이 캔 고   아이 엠   에이블 투 고

나는 갈 수 있어요.

I will be able to go.

아이 윌 비 에이블 투 고

나는 갈 수 있을 거예요. (미래 가능)

You can stop. = You are able to stop.

유   캔   스탑   유   얼   에이블 투   스탑

당신은 멈출 수 있어요.

You will be able to stop.

유   윌 비   에이블 투   스탑

당신은 멈출 수 있을 거예요.

He can sleep. = He is able to sleep.

히   캔   슬립   히 이즈 에이블 투   슬립

그는 잠을 잘 수 있어요.

He will be able to sleep.

히   윌 비 에이블 투   슬립

그는 잠을 잘 수 있을 거예요.

TIP 현재 '~을 할 수 있다'라고 표현하고 싶을 때는 그냥 can만 쓰셔도 좋습니다. 다만, 미래에 '~할 수 있을 것이다'라는 표현은 will be able to로 외워 두세요.

표현3 **주어 + will not be able to + 동사.**
주어는 동사할 수 없을 것이다.

미래에 '~할 수 없을 것이다'란 표현은 will 뒤에 not을 붙여서 will not be able to를 쓰면 됩니다.

I cannot go. 나는 갈 수 없어요.
아이　　캔낫　　　고

I will not be able to go. 나는 갈 수 없을 거예요.
아이　윌　　낫　비　에이블　투　고

[연습] 소리를 내면서 아래 문장을 읽어 보세요.

I will not be able to stop.
아이　윌　　낫　비　에이블　투　스탑
나는 멈출 수 없을 거예요.

I will not be able to sleep well.
아이　윌　　낫　비　에이블　투　슬립　월
나는 잠을 잘 잘 수 없을 거예요.

You will not be able to work.
유　　윌　　낫　비　에이블　투　월크
당신은 일할 수 없을 거예요.

[TIP] 미래에 '~할 수 없을 것이다'라는 표현은 won't be able to로 자주 쓰이니 외워 두세요.

까먹지 않도록 간판으로 영어 배워요!

play store
플레이 스토어

플레이 스토어

- 안드로이드 기반 스마트폰(갤럭시, LG G시리즈 등)에서 애플리케이션을 다운로드할 수 있는 곳. 애플 스마트폰은 App Store에서 받을 수 있어요.
- play [플레이] 놀다
- store [스토어] 가게
- app: application [앱: 애플리케이션] 스마트폰 응용프로그램(유튜브, 카톡 등)

ATM
에이티엠

자동 현금 인출기

- Automatic [오토매틱] 자동의
- Teller [텔러] 은행 창구 직원
- Machine [머신] 기계
- withdrawal [위쓰드로윌] 출금(인출)

center
쎈터

센터 / 중심

- art/sports center [알트/스폴츠 쎈터] 예술/스포츠 센터
- information center [인폴메이션 쎈터] 정보를 제공하는 곳
- left – center – right [레프트 - 쎈터 - 롸이트] 좌 – 중간 – 우

bakery
베이커리

빵집 / 제과점

- bake [베이크] 굽다 / baking [베이킹] 굽기
- baking powder [베이킹 파우더] 빵 반죽시 부풀게 하는 가루
  powder [파우더] 가루, 분말
- bread [브뢰드] 빵

parking
팔킹

주차 / 주차 공간

- park [팔크] 공원, 경기장, 주차하다
- parking lot [팔킹 랏] 주차장
  lot [랏] 많음, 지역, 운
- lottery [라터리] 복권 – lotto [라토(로)우] 로또(복권)

정말 자주 쓰는 영단어

age 에이지	**나이 / 시대 / 나이가 들다**

- anti-aging [안티 에이징] 노화 방지(화장품)
- dry aging [드라이 에이징] 건조 숙성
- the Ice(Stone, Iron) Age [디 아이스(스톤, 아이언) 에이지] 빙하(석기, 철기) 시대
- How old are you? [하우 올드 얼 유] 당신은 몇 살인가요?
- I am fifty-seven years old. [아이 엠 피프티세븐 이얼즈 올드] 저는 57세입니다.

society
소사이어티

사회 / 집단

- honor society [아너 소사이어티] 고액기부자 클럽
- *Dead Poets' Society* [데드 포이츠 소사이어티] 죽은 시인의 사회(영화 제목)
- social [소셜] 사회의, 사회적인
  - social issues/background [소셜 이슈/백그라운드] 사회적 쟁점/배경
  - social network service: SNS [소셜 네트윌크 설비스: 에스엔에스] 페이스북, 인스타그램 같은 온라인 서비스를 일컫는 말

239

king
킹

왕 / 국왕

- King Sejong (the Great) [킹 세종 (더 그웨이트)] 세종 대왕
- United Kingdom(U.K.) [유나이티드 킹덤(유케이)] 영국
- King of Pop [킹 오브 팝] 팝의 황제; 마이클 잭슨을 뜻함

period
피뤼어드

기간 / 시대 / 주기

- the post-war period [더 포스트 워 피뤼어드] 전쟁 후 시대
- 2-years period [투 이얼즈 피뤼어드] 2년의 기간

비교 age [에이지]가 period [피뤼어드] 보다 시간의 길이 기준으로 더 긴 개념입니다.

노트

be able to의 활용 (2강)

> **표현1** **주어 + was able to + 동사.**
>
> 주어는 동사할 수 있었다.

지난 시간, will be able to '~할 수 있을 것이다'라는 미래의 가능(능력)에 대해 배워 보았습니다. 그럼 과거에 '~할 수 있었습니다'라는 표현은 어떻게 해야 할까요?

I can go. 나는 갈 수 있어요.
아이 캔 고

- **I am able to go.** 나는 갈 수 있어요.
아이 엠 에이블 투 고

- **I was able to go.** 나는 (과거에) 갈 수 있었어요.
아이 워즈 에이블 투 고

무엇이 바뀌었지요? 네, be동사인 am이 과거형인 was로 바뀌었습니다. 정리하자면, '~할 수 있었다'라는 과거의 가능(능력)을 표현하기 위해서는 be able to에서 be동사를 과거형으로 바꾸어 주기만 하면 됩니다.

241

소리를 내면서 아래 문장을 읽어 보세요.

I can help Kim.

아이 캔 헬프 킴

= I am able to help Kim.

아이 엠 에이블 투 헬프 킴

나는 Kim을 도와줄 수 있어.

I was able to help Kim.

아이 워즈 에이블 투 헬프 킴

나는 Kim을 도와줄 수 있었어.

You can drive a car.

유 캔 드라이브 어 카

= You are able to drive a car.

유 얼 에이블 투 드라이브 어 카

당신은 자동차를 운전할 수 있어.

You were able to drive a car.

유 월 에이블 투 드라이브 어 카

당신은 자동차를 운전할 수 있었어.

노트

242

She can speak English.
쉬 캔 스픽 잉글리쉬
= She is able to speak English.
쉬 이즈 에이블 투 스픽 잉글리쉬
그녀는 영어를 말할 수 있어.

She was able to speak English.
쉬 워즈 에이블 투 스픽 잉글리쉬
그녀는 영어를 말할 수 있었어.

We can walk.
위 캔 워크
= We are able to walk.
위 얼 에이블 투 워크
우리는 걸을 수 있어.

We were able to walk. 우리는 걸을 수 있었어.
위 월 에이블 투 워크

TIP can의 과거형인 could로 과거에 할 수 있었다를 표현하면 안됩니다. could는 다른 용도로 쓰이니 다음에 자세히 배우겠습니다.

노트

주어 + was not(wasn't) **able to + 동사**.
주어는 동사할 수 없었다.

이번에는 과거에 '~할 수 없었다'라는 표현을 배워볼게요. 이것 역시 매우 간단해요. '~할 수 있었다'라는 과거형에 not을 붙여주면 됩니다. not은 be동사 뒤에 위치합니다.

I can go. = **I am able to go**. 나는 갈 수 있어요.
아이 캔 고 아이 엠 에이블 투 고

- **I was able to go**. 나는 갈 수 있었어요.
아이 워즈 에이블 투 고

- **I wasn't**(was not) **able to go**. 나는 갈 수 없었어요.
아이 워즌트 (워즈 낫) 에이블 투 고

아주 쉽지요? 여러분이 주의할 점은 여러 가지 주어에 따라서 be동사의 짝꿍만 잘 찾아주면 됩니다.

정리 can으로는 미래나 과거에 할 수 있다는 표현을 하기 어렵기 때문에 be able to란 표현이 생긴 것이고, 반드시 알아야 하는 고급 표현입니다. 현재를 말할 때는 can, 미래를 말할 때는 will be able to, 과거는 was/were able to로 딱 정해서 쓰면 깔끔합니다!

I can't help Kim.
아이 캔트 헬프 킴

= I am not able to help Kim.
아이 엠 낫 에이블 투 헬프 킴

나는 Kim을 도와줄 수 없어.

I wasn't able to help Kim.
아이 워즌트 에이블 투 헬프 킴

나는 Kim을 도와줄 수 없었어.

You can't drive a car.
유 캔트 드라이브 어 카

= You aren't able to drive a car.
유 언트 에이블 투 드라이브 어 카

당신은 자동차를 운전할 수 없어.

You weren't able to drive a car.
유 워언트 에이블 투 드라이브 어 카

당신은 자동차를 운전할 수 없었어.

노트

She can't speak English.
쉬   캔트   스픽   잉글리쉬
= She isn't able to speak English.
쉬   이즌트   에이블   투   스픽   잉글리쉬
그녀는 영어를 말할 수 없어.

She wasn't able to speak English.
쉬   워즌트   에이블   투   스픽   잉글리쉬
그녀는 영어를 말할 수 없었어.

We can't walk. = We aren't able to walk.
위   캔트   워크   위   언트   에이블   투   워크
우리는 걸을 수 없어.

We weren't able to walk. 우리는 걸을 수 없었어.
위   워언트   에이블   투   워크

노트

could 바르게 이해해서 회화에 사용하기

 Can(Could) **주어 + 동사 ~**, (please)**?**

(혹시) ~을 해도 될까요?

대부분의 한국 사람들이 can(~할 수 있다)의 과거형을 could(~할 수 있었다)라고 생각하지만, 이것은 틀린 생각입니다. could는 다양한 의미가 있습니다. 우선 자주 쓰이는 could의 첫 번째 뜻, can보다 공손한 표현인 '혹시 ~해도 될까요?'에 대해 알아볼게요.

Can I use your phone, please?

캔 아이 유즈 유얼 폰 플리즈

내가 당신의 휴대폰을 써도 될까요?

Could I use your phone, please?

쿠드아이(쿠다이) 유즈 유얼 폰 플리즈

제가 혹시 당신의 휴대폰을 사용해도 될까요?

could의 기본 성질이 '가정, 혹시'이기 때문에 이 단어를 쓸 때 이미 '당신이 휴대폰을 빌려주지 않아도 어쩔 수 없어'라는 생각이 깔려 있다고 보면 됩니다. 그래서 통상 could를 can보다 공손한 표현이라고 이야기합니다.

소리를 내면서 아래 문장을 읽어 보세요.

Can I get a blanket? 담요 하나를 얻을 수 있을까요?
캔 아이 겟 어 블랭킷

Could I get a blanket?
쿠드 아이 겟 어 블랭킷

제가 혹시 담요 하나를 얻을 수 있겠습니까?

Can I help you? 제가 도와드릴까요?
캔 아이 헬프 유

Could I help you?
쿠드 아이 헬프 유

제가 혹시 도와드려도 되겠습니까?

Can you drive more slowly?
캔 유 드라이브 모어 슬로울리

운전을 좀 천천히 해 줄래요?

Could you drive more slowly?
쿠드 유(쿠쥬) 드라이브 모어 슬로울리

혹시 운전을 좀 천천히 해 주실 수 있겠습니까?

정리 Can I ~?: 어느 정도 내가 내 권리를 이야기해도 되는 상황

Could I ~?: 조심스럽고 공손하게 이야기해야 하는 상황

기본적으로 could는 '가정, 혹시'의 뜻이 있습니다. 확실하지 않은 가능성이라는 것이죠. 여기서 파생된 could의 두 번째 뜻은 '~할 수도 있어'라는 뜻입니다. can이 직접적으로 '~할 수 있어'라는 뜻이라면 could는 '~할 수도 있어'라고 조금 더 불확실하게 할 수 있다고 말할 때 쓰입니다.

I can do it. 나는 할 수 있어. (할 수 있다는 강한 능력)
아이 캔 두 잇

I could do it. 나는 할 수도 있어. (할 수 있긴 하지만, 확실하진 않아)
아이 쿠드 두 잇

그래서 could는 가정법과 함께 쓰이는 경우가 많습니다. 가정법 중 흔히 쓰이는 패턴 중 하나인 'I wish I could'를 통해 연습해 볼게요.

노트

소리를 내면서 아래 문장을 읽어 보세요.

I wish I could **swim**.

아이 위시 아이 쿠드 스윔

수영을 할 수 있다면 좋을 텐데…

I wish I could **go there**.

아이 위시 아이 쿠드 고 데얼

그곳에 갈 수 있다면 좋을 텐데…

I wish I could **buy the car**.

아이 위시 아이 쿠드 바이 더 카

그 자동차를 살 수 있다면 좋을 텐데…

I wish I could **live here**.

아이 위시 아이 쿠드 리브 히얼

여기에 살 수 있다면 좋을 텐데…

노트

꼭 필요한 should

주어 + should + 동사 OOO.

주어는 OOO 하는 것이 좋겠어요.

'You should go to school.'이란 문장은 어떻게 해석할까요? 대부분 '당신은 학교에 가야 한다'라는 '의무'로 해석하실 거예요. should는 '~을 해야 한다'는 의무가 아니고, '~하는 것이 좋겠어'라는 개인 의견을 '권유'하는 뜻입니다. 예를 들어, 대학생이 학교에 수업이 있는데 가도 그만 안가도 그만일 경우 '가는 것이 좋겠어' 정도로 의견을 이야기할 때 쓸 수 있습니다.

You should go to school.
유　　슈드　　고 투　　스쿨
너는 학교에 가는 것이 좋겠어.

반면 must는 '반드시 ~해야 한다'는 의무를 나타냅니다. 권유하는 사항이 아닙니다. 그렇게 하지 않으면 무슨 일이 일어난다는 의무사항이죠.

You must go to school.
유　　머스트　　고 투　　스쿨
너는 학교에 가야만 해.

251

You should sleep. 당신은 잠을 자는 것이 좋겠어요.
유 슈드 슬립

You should work hard.
유 슈드 월크 하드
당신은 일을 열심히 하는 것이 좋겠어요.

You should visit Jeju Island.
유 슈드 비짓 제주 아일랜드
당신은 제주도를 방문하는 것이 좋겠어요.

You should tell the truth.
유 슈드 텔 더 트루스
당신은 진실을 말하는 것이 좋겠어요.

He should know it.
히 슈드 노우 잇
그는 이것을 아는 것이 좋겠어요.

노트

주어 + should not(shouldn't) **+ 동사 OOO.**

주어는 OOO 하지 않는 것이 좋겠어요.

이번에는 '~하지 않는 것이 좋겠어요'란 표현을 배워볼게요. should 역시도 그동안 배웠던 can, will, could와 같은 조동사입니다. 그래서 부정은 not을 붙여 should not(shouldn't)으로 쓰면 되고, 뜻은 '~하지 않는 것이 좋겠어요'라고 해석합니다. 말하는 사람 개인의 의견을 권유, 조금 강하게 제안하는 표현입니다.

You should not tell lies.

유   슈드   낫 텔 라이스

당신은 거짓말을 하지 않는 것이 좋겠어요.

반면 must는 '~하면 안 된다'는 강한 의무를 뜻합니다. 우리가 법정에서나 청문회와 같이 공식적인 자리에서는 거짓말하면 위증죄로 처벌받는데 그런 상황에 써요.

You must not tell lies.

유   머스트   낫 텔 라이스

당신은 거짓말을 하면 절대 안 돼요.

노트

You should not sleep.

유　　　슈드　　　낫　　　슬립

당신은 잠을 자지 않는 것이 좋겠어요.

You should not stay in bed.

유　　　슈드　　　낫　스테이　인　베드

당신은 침대에 머무르지 않는 것이 좋겠어요.

You shouldn't smoke.

유　　슈든트　　　스모크

당신은 흡연을 하지 않는 것이 좋겠어요.

You shouldn't play games.

유　　슈든트　　플레이　게임즈

당신은 게임을 하지 않는 것이 좋겠어요.

He shouldn't invest his money in stocks.

히　　슈든트　인베스트　히즈　머니　인　스톡스

그는 그의 돈을 주식에 투자하지 않는 것이 좋겠어요.

노트

한국말 할 때도 많이 쓰는 영단어

credit 크레딧(릿)	신용 / 신용 거래

- credit card [크레딧 카드] 신용 카드
- credit rating [크레딧 뤠이팅] 신용 등급
  - rate [뤠이트] 비율, 평가하다
- 참고 cash only [캐쉬 온리] 현금만 가능
no cash [노 캐쉬] 현금 결제 불가

pound 파운드	무게 단위 / 파운드화

- 1 pound [원 파운드] = 0.454kg [지로 포인트 포파이브포 킬로그램]
- 1 mile [원 마일] = 1.67km [원 포인트 씩스세븐 킬로미러]
- 1 yard [원 야드] = 0.91m [지로 포인트 나인원 미러]
- GBP [(그뤠이트) 브리티쉬 파운드] (영국) 파운드화,
KRW [코리안 원] (한국) 원화, USD [유에스달러] (미국) 달러,
EUR [유로] (유럽) 유로화

skin
스킨

피부 / 껍질 / 외피

- skin type [스킨 타입] 피부 유형
  - dry skin [드라이 스킨] 건성 피부 / oily skin [오일리 스킨] 지성 피부
- skin [스킨] (x), toner [토너] (o)
- 선크림: sun cream [썬 크림] (x), sun screen [썬 스크린] (o) / sunblock [썬블록] (o)
- puppy skin [퍼피 스킨] 강아지 피부, tomato skin [토메이토 스킨] 토마토 껍질, skin of the earth [스킨 오브 디 얼스] 지구의 표면

wine
와인

포도주 / 와인

- a bottle/glass of wine [어 바를/글래스 오브 와인] 한 병/한 잔의 와인
- 색상에 따라: red [뤠드] / white [와이트] / rose [로즈(로제)]
- 맛에 따라: dry [드롸이] 단맛이 적은 맛 / sweet [스윗] 달콤한 맛
- sparkling wine [스파클링 와인] 탄산이 가미된 단맛의 와인

environment
인바이런먼트

환경

- environment friendly [인바이런먼트 프렌들리] 환경친화적인
- environment problem [인바이런먼트 프라블럼] 환경 문제
- working environment [월킹 인바이런먼트] 일하는 환경(여건)
- the political environment [더 폴리티컬 인바이런먼트] 정치적 환경(여건)

can be, will be를
세상에서 제일 쉽게 설명합니다.

표현1 주어 + **will** + **be** + OOO.

주어는 OOO 할(될) 것이다.

그동안 우리가 can, will, must와 같은 조동사와 일반 동사의 조합을 주로 배웠습니다. 이번에는 be동사와 조동사가 결합했을 때 어떻게 될지 배워보겠습니다.

I go. 나는 간다.
아이 고

- **I will go.** 나는 갈 것이다.
아이 윌 고

I am a doctor. 나는 의사입니다.
아이 엠 어 닥털

- **I will be a doctor.**
아이 윌 비 어 닥털

나는 의사일 것입니다. (나는 의사가 될 것입니다.)

TIP 조동사 뒤에는 동사의 원래 형태(변형형 X)를 쓰는 것이 법칙이고, 그렇기 때문에 am, are, is의 본래 형태인 be를 씁니다.

소리를 내면서 아래 문장을 읽어 보세요.

I am patient. 나는 참을성이 있어요.
아이 엠 　페이션트

- **I can be patient**. 나는 참을성 있을 수 있어요.
아이 캔 비 　페이션트

It is true. 그거 사실이에요.
잇 이즈 트루

- **It can be true**. 그거 사실일 수 있어요.
잇 캔 비 트루

They are happy. 그들은 행복해요.
데이 얼 해피

- **They will be happy**. 그들은 행복할 거예요.
데이 윌 비 해피

Lee is fifteen. Lee는 15살이에요.
리 이즈 피프틴

- **Lee will be fifteen**. Lee는 15살이 될 거예요.
리 윌 비 피프틴

It is hot today. 오늘 덥네요.
잇 이즈 핫 투데이

- **It will be hot today**. 오늘은 더울 거예요.
잇 윌 비 핫 투데이

주어 + must(should) **+ be + OOO.**

주어는 (틀림없이) OOO 할 것이다.

충분히 '조동사 + be동사' 연습이 되셨지요? 이제는 더 나가서 must 와 should로 연습해 볼게요. 마찬가지로 must be, should be 형태 로 쓰이게 됩니다.

He is tired. 그는 피곤하다.
　히　이즈 타이얼드

- **He must be tired.** 그는 (틀림없이) 피곤하다.
　히　　머스트　비 타이얼드

We are quiet. 우리는 조용하다.
　위　　얼　　콰이어트

- **We should be quiet.**
　위　　슈드　　비　콰이어트
우리는 조용히 하는 것이 좋겠어.

연습 소리를 내면서 아래 문장을 읽어 보세요.

She is sick. 그녀는 아파요.
쉬 이즈 씩

- **She must be sick**. 그녀는 (틀림없이) 아파요.
쉬 머스트 비 씩

He is American. 그는 미국인이에요.
히 이즈 어메리칸

- **He must be American**. 그는 (틀림없이) 미국인이에요.
히 머스트 비 어메리칸

He is over fifty. 그는 50세 이상이에요.
히 이즈 오벌 피프티

- **He must be fifty**. 그는 (틀림없이) 50세예요.
히 머스트 비 피프티

You are careful. 당신은 조심성이 있어요.
유 얼 케어풀

- **You should be careful**. 당신은 조심하는 것이 좋겠어요.
유 슈드 비 케어풀

Tom is here. Tom은 여기 있어요.
탐 이즈 히얼

- **Tom should be here any minute**.
탐 슈드 비 히얼 애니 미닛
Tom은 지금 당장이라도 여기 있는 것이 좋겠어요.

자주 쓰이는 영단어

middle 미들	**중앙 / 가운데**

- Middle East [미들 이스트] 중동 지역
- middle school [미들 스쿨] 중학교
- middle name [미들 네임] 가운데 이름(Tom John David)
- mid [미드] 중간의
- midnight [믿나잇] 자정

track 트뤡	**트랙 / 선로**

- fast track [패스트 트뤡] 빠른 길, 일시적 자금난을 겪고 있는 중소기업을 살리기 위한 지원 프로그램. 신속하게 처리해야 하는 중요한 사항에 대해 절차를 간소화하는 제도.
- track record [트뤡 뤼콜드] 업적, 실적
- 유사 platform [플랫폼] 승강장
- 주의 trek, trekking [트뤡, 트뤠킹] 걷다, 트레킹(걷기)

261

birth 벌쓰	탄생 / 출생

- birthday party/present [벌쓰데이 파리/프레즌트] 생일 파티/선물
- birth rate [벌쓰 뤠이트] 출산율
- birth control [벌쓰 컨트롤] 산아제한/피임
- 비교 death [데쓰] 죽음
- Happy birthday to you. [해피 벌쓰데이 투 유] 생일 축하해.

newspaper 뉴스페이퍼	신문 / 신문지

- daily/weekly newspaper [데일리/위클리 뉴스페이퍼]
 일간/주간 신문
- newspaper article [뉴스페이퍼 아리클] 뉴스 기사
- fake/junk news [페이크/정크 뉴스] 가짜 뉴스
- breaking news [브뤠이킹 뉴스] 뉴스 속보
- paper [페이퍼] 서류, 문서, 과제

 노트

success
썩쎄스

성공 / 성과

· **economic** success [이코노믹 썩쎄스] 경제적인 성공

· **successful** [썩쎄스풀] 성공적인

  · successful **life/person/business** [썩쎄스풀 라이프/펄슨/비즈니스]
  성공적인 인생/인간/사업(성공)

· **best seller** [베스트 셀러] 베스트셀러

반대 **fail** [페일] 실패

노트

can, will로 질문하고 부정하는 방법

표현1 주어 + **cannot be**(will not be) + OOO.

주어는 OOO 할 수 없어요(하지 않을 거예요).

can be, will be 표현에 부정문, 의문문을 적용해 볼게요. 부정문은 cannot(can't) be, will not be로 쓸 수 있습니다. 즉, 조동사 뒤에 not + be를 붙이면 됩니다.

I can be happy here. 나는 여기서 행복할 수 있어요.
아이 캔 비 해피 히얼

- **I can't be happy here.** 나는 여기서 행복할 수 없어요.
아이 캔트 비 해피 히얼

It will be hot today. 오늘은 더울 거예요.
잇 윌 비 핫 투데이

- **It will not**(won't) **be hot today.** 오늘은 덥지 않을 거예요.
잇 윌 낫 (워운트) 비 핫 투데이

TIP must와 should도 must not be, should not be로 쓰면 됩니다.

소리를 내면서 아래 문장을 읽어 보세요.

I am a doctor. 나는 의사예요.
아이 엠 어 닥털

- **I can't be a doctor**. 나는 의사가 될 수 없어요.
아이 캔트 비 어 닥털

This is real. 이것은 진짜예요.
디스 이즈 리얼

- **This can't be real**. 이건 진짜일 수 없어요.
디스 캔트 비 리얼

They are happy. 그들은 행복해요.
데이 얼 해피

- **They won't be happy**.
데이 워운트 비 해피
그들은 행복하지 않을 거예요.

He is late. 그는 늦었어요.
히 이즈 레이트

- **He won't be late**. 그는 늦지 않을 거예요.
히 워운트 비 레이트

You are late for school. 당신은 학교에 늦었어요.
유   얼   레이트 포   스쿨

- **You must not be late for school.**
유   머스트   낫 비 레이트 포   스쿨
당신은 학교에 늦으면 (절대) 안 됩니다.

You are there. 당신은 거기에 있어요.
유   얼   데어

- **You shouldn't be there.**
유   슈든트   비   데어
당신은 거기 있지 않는 것이 좋겠어요.

TIP cannot(can't), should not(shoudn't), will not(won't)은 모두 축약형이 있는데 must not은 없으니 주의하세요.

노트

266

표현2 **Can**(Will) + **주어** + **be** + OOO?

주어는 OOO 될(할) 수 있나요?

이번에는 '조동사 + be동사'로 의문문을 만들어 볼게요. 이것 역시도 쉽습니다. 일반 문장에서 주어와 조동사의 순서만 바꾸어 주면 의문문으로 만들 수 있습니다.

You can be my friend. 당신은 내 친구가 될 수 있어요.
유 캔 비 마이 프렌드

- **Can you be my friend?** 당신은 내 친구가 될 수 있나요?
캔 유 비 마이 프렌드

You will be there. 당신은 거기에 있을 거예요.
유 윌 비 데어

- **Will you be there?** 당신은 거기에 있을 건가요?
윌 유 비 데어

TIP must와 should 역시도 'Must/Should + 주어 + be ~?' 순서로 쓰면 됩니다.

 노트

I am a doctor. 나는 의사예요.
아이 엠 어 닥털

- **I can be a doctor**. 나는 의사가 될 수 있어요.
아이 캔 비어 닥털

- **Can I be a doctor**? 내가 의사가 될 수 있나요?
캔 아이비 어 닥털

You are positive. 당신은 긍정적이에요.
유 얼 파저티브

- **You can be positive**. 당신은 긍정적일 수 있어요.
유 캔 비 파저티브

- **Can you be positive**? 당신은 긍정적일 수 있나요?
캔 유 비 파저티브

It will be fine tomorrow.
잇 윌 비 파인 투머로우

내일은 날씨가 좋을 거예요.

- **Will it be fine tomorrow**?
윌 잇 비 파인 투머로우

내일은 날씨가 좋을까요?

He will be back. 그는 돌아올 거예요.
히 윌 비 백

- **Will he be back**? 그는 돌아올까요?
윌 히 비 백

'친절한 대학'의 감동적인 댓글 모음

현숙 선생님 너무 감사합니다. 알파벳도 몰랐는데.. 선생님의 친절한 강의를 듣고 이젠 이름 석자는 쓰고 읽는답니다. 감사합니다.

복 저는 63세 입니다. 저는 상고를 나오고 영어를 제대로 배우지 못해서 늘 영어 앞에 두려움이 있는데 선생님 너무 샤프하고 이해하기 쉽게 알려줘서 감사합니다.

정이 학창시절 영어공부 시작이 너무 재미없는 문법으로 시작해서 영어 포기자 인생을 살았어요ㅜㅜ 근데 직장, 여행, 일상생활에서 쓸 수밖에 없는 상황이 들 때면 엄청 스스로가 초라해 보이고 자신감 떨어졌었는데... 배우고 싶어도 너무 못해서 따라가기 힘들까봐 부끄러워 독학으로 책 끄적여 보다가도 결국 이해가 안되어서 내려 놓은 적이 몇번이나 되는지 몰라요... 이렇게 쉽고 자세히 설명해 주시니까 이해 못 할 수가 없네요. 학원에선 다들 기본 정도는 익히고 와야 진도가 나가니까 이미 알고 있는 사람은 당연하단 듯이 가르쳐 주시는데 선생님은 왕초보 입장에서 정성들여 설명해 주시니 너무 감사해요. 진짜 감동 ㅜㅜ 발음도 너무 좋고 차분하셔서 듣기도 좋아요. 진짜 공부라는건 흥미를 가지게 하는게 최우선인거 같아요. ㅋㅋ 영상에 힘입어 열공해볼게요!!! 원래 댓글 잘 안다는데ㅎㅎㅎ 은인을 만났습니당 ㅜㅜ 앞으로도 많은 업뎃 부탁해요. 감사합니당.

희영 선생님!!! 너무 신기한 일이 일어났어요ㅎ 아침에 류현진 야구를 보여주는 방송에 숫자 뒤에 1st.2nd.3rd.4th....이렇게 나오는데요~ 이 뜻이 뭔 뜻인지 안다는 거는 제게 기적이에요!! 너무 신나요ㅎㅎㅎ

리향 진정한 초보중 왕초보 입니다. 영어에 까막눈인 저에게 번쩍 눈이 떠질 만큼 쉽게 또 재미있게 성취감을 느끼게 해주는 영어 공부는 지금까지 없었는데 안정감 있는 목소리 정확한 발음을 가르쳐 주시는 이지 선생님 덕분에 영어가 쉽게 다가와 줘서 너무도 감사합니다. 선생님 건강하시고 늘 행복하시길 기도 드릴께요 ~~^^ 응원 합니다.~~^^

금안

선생님 가르침 잘 듣고 열심히 하고 있습니다~너무 감사합니다~ 조금씩 느끼고 이해가 되어 넘 좋아요~직장에서 외국 사람이 와서 한번 영어로 대화 해 보았는데 통해서 기뻤답니다~ Do you like coffee? 하고요 그랬더니 Yes I am 그래서 커피 한잔 드렸습니다~~

소정

지금 딸이랑 태국 자유여행 중 인데 선생님 수업의 효과가 팍팍! 입이 조금씩 트이는 듯 . ㅎㅎ 딸이 하는 말, '와 우! 울 엄마 영어 잘하네!' 하네요. 여행의 질이 한 층 업그레이드 되는 것 같아요. 감사합니다.

서뚱

구독하고 8개월 전 수업부터 듣고 있어요. 다시 학생이 된 기분이에요 열심히 해서 아이들에게 부끄럽지 않은 엄마가 되려고 합니다. 감사합니다.

옥녀

감사해요. 영어에 흥미를 느낍니다. 아들이 집에 오면 우리 엄마 자랑스러워 하는 표정 해요. 다~이지 쌤 덕분에 재미있게 매일 공부합니다. 이 다음에 손주 앞에서 멋있는 할머니의 모습이 그려집니다. 이지 선생님 항상 웃는 모습도 귀여우세요. ^^

해순

정말 고맙습니다. 저는 60대 초반입니다. 퇴직하고 여기저기 기웃기웃하다 선생님의 강의를 만났습니다. 잊고 있던 문법 정리를 정말 잘해주시고 다시 공부하려는 저에게 넘 도움이 많이 되었습니다. 갈수록 힘나고 잼납니다. ^.^

김

첫째 학교 보내고 수업 들어요. 열심히 해서 남들이 영어 못한다 할 때 저는 될 수 있고 할 수 있는 사람이 되고 싶네요. 영어 절대 포기 안 할 거예요.